ZERO WASTE
&
SUSTAINABLE LIFESTYLE

ZERO WASTE AND
SUSTAINABLE LIFESTYLE

무해한 하루를
시작하는 너에게

도시생활자를 위한 에코-프렌들리 일상 제안.
걱정만으론 소용없어서, 오늘부터 조금씩 실천합니다

Contents

프롤로그 / 007

친환경 라이프스타일 = 나를 돌보는 일

1   어느 소비인간의 고백
    : 그때 자연과 친해진 건 순전히 나를 위한 일이었다 / 010
2   여기서 시작, 축소주의자 / 016
3   지속 가능한 24시간을 찾습니다 / 022
4   우리는 어쩌다 신용카드를 먹고 있을까 / 031
5   나의 친환경 칫솔 사용기 / 035
6   흔적을 남기지 않는 삶 / 039
7   에코라이프의 기본이 '재사용'인 이유 / 041
8   일주일에 한 번 분리배출, 그거 하난 잘해왔는데 / 045
9   매일 입는 옷 뒤에 숨겨진 이야기 / 049
10 미세플라스틱 배출을 줄이는 세탁과 청소법 / 054
11 코덕도 할 수 있다, 노케미족 / 060
12 완벽함보다 중요한 것 / 066

환경 감수성을 키우는 나날

13 우리에겐 몇 년의 시간이 남았을까 / 070
14 단 하나의 미션, 탄소 발자국 줄이기 / 074
15 비건 포틀럭 파티에서 생긴 일 / 076
16 비건 지향인이 된다는 것은 / 082
17 지구와 인류에 바치는 건강 식단 / 094
18 나에게 오기까지의 경로를 그려본다 / 096

CHAPTER 3

수많은 지향이 만드는 흐름

19 소비는 곧 투표다 / 106
20 제로 웨이스트를 향해 가는 7가지 방법 / 112
21 우리가 모여 단단해지는 곳, 나투라 프로젝트 / 120
22 여행지에서도 에코 프렌들리! / 124
23 많은 것이 회복됐다 / 130
24 적정 온도에 머무는 삶 / 134

참고 자료 / 138

Prologue

플라스틱 포장재를 먹고 죽은 물고기, 숨 한 번 마음놓고 쉬고 싶게
하는 미세먼지, 생각보다 가까이에서 커지고 있는 쓰레기 산…
어떤 것이든 자연이 보내는 시그널을 감지하고, 공존에서 오는
행복을 지키겠다고 다짐한 당신에게.
친환경 라이프스타일을 시작하고 싶은데 텀블러 챙기고 분리배출
열심히 하는 것 다음에 뭘 하면 좋을지 궁금한 당신에게도.
한 명의 완벽한 실천보다 여럿의 잦은 지향이 세상이 흘러가는
방향을 만든다는 믿음으로, 완벽한 답을 준비하지는 못했지만 제가
먼저 시도해본 초록색 아이디어를 들려드립니다. 저의 여러 날이
당신의 하루와 만나 다시 깨끗한 날들을 부화시키기를 바라며.

Chapter 1

친환경 라이프스타일
= 나를 돌보는 일

어느 소비인간의 고백:

그때 자연과 친해진 건 순전히
나를 위한 일이었다

지난여름은 인생에서 손에 꼽게 바쁜 일상이 이어지는 시기였다. 맡고 있던 수업들과 개인적으로 진행하는 야외 프로젝트에 여러 이벤트까지 더해져 밤낮없이 일정을 소화해야 했다. 하고 싶은 일을 하는데도 힘에 부치는 나 자신이 원망스럽던 그때, 수업 하나가 취소되며 갑작스러운 이틀의 휴가가 생겼다. 어디서든 비일상을 누려야 한다며 달려간 곳은 강원도 숲속의 소박한 방 한 칸. 성수기에 급하게 구한 숙소라 실은 기대가 없었지만 도착하자마자 눈치챌 수 있었다. 마음속에서부터 밀려오는 깊은 안도감을.

숲이 가진 온도 속에서 나무 냄새를 맡는 시간은 얼마나 편안했던지 어린 날의 기억까지 불러들이고 말았다. 사과와 배를 키우는 과수원과 밤나무와 시냇물이 둘러싸고 있던 할머니 댁에서 아침에 눈을 비비고 일어나 산아래 피어나는 아지랑이를 바라보던 기억. 잔디밭에서 네잎클로버를 찾다가도 밭일하는 할머니 곁에 가 한참

종알거리던 기억. 겨울에는 쿰쿰한 냄새가 나는 메주와 한방에서 자느라 '익숙해질 만하면 할머니가 새 메주를 들여놓는다'며 볼멘소리를 하던 기억까지도.

떠올리기만 해도 기분 좋은 그 시절은 어른이 된 나에게 자연을 가만히 느끼는 시간을 가지면 스스로를 섬세하게 바라보고 달랠 수 있는 힘을 주었다. 지치고 슬픈 일이 있을 때 소중한 이의 품이 그리워지듯, 삶이 퍽퍽하고 버거울 때면 푸른색과 초록색으로 가득한 공간을 찾게 된다. 그리고 그것들이 오래오래 제빛을 잃지 않고 곁에 있어주기를 바란다.

쇼핑만이 나를 구원하리라 믿었는데

사춘기에 접어들며 자연놀이는 시시해졌고 풀냄새를 잊고 산 세월은 길었다. 심지어 지독한 입시와 대학교, 직장을 거치며 나의 시공간은 즉흥적인 욕구가 이끈 소비생활로 가득 채워지고 있었다. 시작은 화장품이었다. 멋부리는 일이 나를 위하고 관리하는 것이라 믿었고, 그 결과 흔히 말하는 코덕(코스메틱 덕후)의 길을 걸었던 것이다. 알바로 번 첫 월급의 80%를 백화점 1층 화장품 코너에서 썼을 정도.

스물넷에 독립을 하고 온전히 공간을 차지하고부터는 관심사가 집안 살림 전체로 확장되었다. 음식도 생활용품도 가득가득 채워놔야 안심이 되고 기분이 좋았다. 욕실에는 샴푸, 컨디셔너, 바디워시가 각각 다른 브랜드로 다섯 종씩, 그러니까 병 열다섯 개를 세워놓고 날마다 끌리는 향을 골라 썼고, 취미로 타기 시작한 자전거는 저가에서 고가까지 2년 새 네 대나 들여놓았다.

버는 족족 원하는 물건을 사며 행복했느냐 하면, 한동안 그렇긴

했던 거 같다. 월세가 더 비싼 넓은 집으로 이사를 하고, 커진 공간을 채운다고 또 쇼핑을 신나게 하고는 뿌듯해했던 것을 보면 말이다. 하지만 그 뒷면에는 유통기한을 넘겨 자꾸 버려지는 식재료, 오래되거나 싫증 나서 쌓아두고 새로 사는 화장품과 옷이 마음의 짐과 함께 늘어나고 있었다. 사람이 사는 게 아니라 물건이 사는 것 같았던 곳에서 제일 먼저 닥친 위기는 당연하게도 경제적 어려움이었다. 가장 아꼈던 로드 사이클을 제일 먼저 팔았고, 지금까지 타는 실용적이고 튼튼한 자전거 한 대를 제외하곤 모두 방출했다. 값비싼 물건을 소유하는 게 멋진 삶이라고 믿었던 결과는 지금 생각하면 좀 초라했다.

우울과 잠시 멈춤, 그리고 요가가 알려준 것

하필이면 나의 일상도 흔들리고 있었다. 학교를 졸업하고 입사한 공연기획사는 적응하기 어려워 금세 그만두었고, 울며 겨자 먹기로 식음료회사에 다시 들어갔지만 적성에 맞지 않아 매일 괴로웠다. 클래식음악을 전공했기에 음악이 아닌 쪽으로 스펙이 전혀 없어 다시 이직을 계획하기도 어려운 상황이었다. 무슨 일이든 의미를 찾기 좋아하는 내가 아무런 의미도 의지도 없는 상태로 버티고 있었으나 그 일상마저도 곧 멈춤이 찾아왔다.

얄궂은 타이밍에 오랜 연애도 끝나고, 우울증과 공황장애가 시작됐기 때문이다. 사람이 많은 지하철을 타면 온몸에 식은땀이 나다가 3분 안에 기절하기를 반복해 더는 출퇴근을 하기 어려웠고 그 이후로 몇 달간 집 안에만 박혀 패배감과 무기력함에 허덕거렸다. 먹고 자는 것과 우울해하는 것 말고는 아무것도 하지 않았다.

그렇게 반년쯤 흘렀을까? 창밖을 문득 보는데 봄이 오는지 연둣빛이 눈에 띄었다. 무슨 생각에서였는지 그 길로 운동화를 신고 밖으로 나갔다. 집 근처를 천천히 걷는 동안 차갑지만 생생한 바람을 온몸으로 맞는 것이, 그리고 다른 사람들의 활기찬 걸음걸이를 보는 게 마냥 좋았다. 작게 움튼 새싹들이 그런 것처럼 나도 추운 겨울을 떠나보낼 때라는 생각에 가슴 한구석이 뜨거웠다. 봄이 새어드는 찰나에 가장 먼저 떠오른 것은 일상과 함께 그만뒀던 요가.

물건부자 시절에 우연히 시작한 요가는, 하고 나면 몸과 마음이 신선해지고 긍정 에너지가 가득 차오르는 기분이 들었다. 다른 취미들과 달리 거창한 장비 없이 내 몸 하나와 호흡이면 충분했는데 그 몸과 호흡을 컨트롤하는 게 어쩜 그렇게 어렵던지. 또 그럼에도 불구하고 꾸준히 해냈을 때 일어나는 내면의 변화는 놀라웠다. 소비하려고 버는 일, 나를 위하는 것보다 타인의 시선을 더 많이 의식하던 시간…. 느끼지 못했던 나를 발견하고 가까워지며 내 시선은 비로소 나를 향하기 시작했다. 화사한 봄을 지나 생명력 넘치는 녹음이 펼쳐진 여름날에도 요가를 하고, 자연의 변화를 보며 깊게 호흡하고, 밝게 이야기하는 사람들과 함께 웃게 됐다.

일상이 완전히 정상궤도를 되찾는 데는 세 가지 계기가 있었다. 그리고 그 셋은 나의 건강한 삶과 환경의 지속가능성을 돌보고 지키리라 결심하게 된 과정이기도 하다. 첫 번째는 물건을 정리하고, 꼭 필요한 것만 오래 쓰기로 한 것. 일을 그만둔 지 오래되어 생활비를 확보하고자 중고 판매를 이용한 게 변화의 시작이라면 시시할까? 자전거, 노트북, 다리 마사지기, 옷과 향수, 가구들까지 필요 없는 것은 모두 팔았다. 공간이 가벼워진 만큼 마음도 편해졌고, 모든

게 없으면 못 살 것 같았던 지난날은 떠오르지도 않았다. 그 무렵 읽었던 《나는 단순하게 살기로 했다》 같은 미니멀라이프에 대한 책들도 소유에 대한 인식을 바꾸는 데 많은 도움을 줬다.

두 번째는 가진 돈 탈탈 털어 떠난 발리에서 본 풍경. 오로지 요가를 하려고 우붓에 갔다. 낯선 곳에서 익숙한 동작을 하던 며칠, 가벼운 차림으로 매트 하나 메고 에너지 넘치는 몸짓과 행복한 표정으로 돌아다니는 요기(yogi)들을 보며 궁금했다. 저들은 어떻게 나를 짓눌렀던 고민의 흔적조차 없어 보이는 걸까? 어떻게 하면 저런 에너지로 행복하게 살 수 있을까? 무엇을 하며 살 것인가가 큰 숙제였던 내게 저 사람들처럼 생기 넘치는 삶을 살고 싶다는 열망만이 피어올랐다. 한국으로 돌아와 자연스럽게 요가 강사를 준비했다.

세 번째는 요가에 관한 철학을 공부하며 우리가 자연의 일부라는 걸 체감하고 자연에 대한 존중감을 갖게 된 것. "마치 나무가 땅에 뿌리를 단단히 내리듯, 한 발로 바닥을 강하게 누릅니다. 그리고 울창한 이파리를 가득 머금은 나무처럼 양팔을 하늘로 넓게 펼치세요." 나무 자세라는 뜻의 '브륵샤아사나'를 설명하는 말이다. "흔들릴 수 있지만, 강한 바람에 쓰러지지 않는 나무처럼 단단하고 견고하게 계속해서 아래쪽으로 뿌리내립니다." 마치 기둥이 굵고 뿌리가 깊은 나무가 된 것 같은 상상을 하며 연습하면, 신기하게도 덜 흔들리며 균형 잡힌 동작을 해낼 수 있었다. 이렇게 자연과 닮은 요가 수련을 하는 동안 일어난 '알아차림'들은 나의 가치관뿐 아니라 말하고 행동하는 삶 전체에 변화를 가져왔다. 심지어 잔잔하지도 않은, 부끄러움과 충격을 오가며 알기 전으로 돌아갈 수 없는 파도 같은 심경의 변화들이었다.

우붓에서 요가하는 사람들을
보며 저렇게 활력 넘치는 삶을
살겠다고 결심했다.
@Radiantly alive yoga studio

여기서 시작, 축소주의자

이후 무해하고 산뜻한 라이프스타일을 어떻게 해나가고 있는지 구체적인 이야기를 시작하기 전에, 요가 철학 중 가장 큰 진동을 안겨준 두 가지 덕목과 그로 인해 실천하게 된 것을 전하고 싶다.

하나는 비폭력, 불살생을 뜻하는 아힘사(Ahimsa). 지금껏 특별히 의식해본 적 없는 비폭력을 배우면서 나는 여러 번 혼란스러웠다. 물리적으로 해를 끼치는 것뿐 아니라 말이나 생각만으로도, 혹은 무지한 것만으로도 누군가를 해칠 수 있다니. 창작자의 오리지널리티를 무시하고 카피제품을 사용하는 것도, 잔인한 동물실험을 하는 줄 모른 채 향기로운 화장품을 쓰는 것도 그러고 보면 당사자에게는 폭력이었다. 몰랐던 건지 모른 척했던 건지는 넘어가더라도 이제는 '몰라서'는 아니도록 진실을 알기 위해서, 그리고 내게 안도감을 주는 자연을 더 이상 해치지 않기 위해서 곧장 실천할 수 있는 것들을 찾기 시작했다.

처음은 동물실험을 반대하는 'Cruelty free' 화장품을 찾아 쓰는 것이었다. 다음은 많은 사람이 실천을 시작하고 있는 일회용품과 플라스틱 사용 최소화하기. 그다음은 채식 위주의 식생활과 탄소 배출을 줄이는 생활방식으로 관심이 퍼져 나갔다. 정보를 습득할수록 자연스럽게 내가 지켜가고자 하는 삶의 범위도 넓어졌고, 환경뿐 아니라 내 마음, 내 몸, 금전적인 부분, 나아가 주변 사람들과의 관계에도 좋은 기운이 번졌다.

나머지 하나는 청결을 뜻하는 사우차(Saucha)로, 외면에서 더 들어가 내면의 청결을 염두에 두는 데 도움이 됐다. 우울과 불안 같은 부정적인 감정에서 빨리 벗어나는 일은 중요하니까. 요가 수련자들의 필독서인 《요가 디피카(Yoga dipika)》에서는 몸뿐만 아니라 생각과 말을 청결하게 하고, 우리가 외부와 가장 직접적으로 연결되는 먹거리와 섭취 방식도 깨끗한 방법으로 행해져야 한다고 말한다. 그렇게 사우차는 채식과 유기농 위주 식습관을 잡아가고 일상에서 필요 이상의 것들을 욕심내지 않는 것이 옳다는 다짐에 힘을 실어 주었다.

나 하나 실천해서 뭐가 달라지냐고 물으신다면

　물론 그렇게 공존하고자 하는 소망이 커지는 순간만 있는 것은 아니었다. 유기농 농산물을 비닐 없이 장바구니에 담아오면서 비닐로 개별 포장된 버터쿠키를 먹기도 하고, 한참 자제하던 소비 욕구를 참지 못하고 해외 직구를 지르는 날도 있다. 완벽한 실천은 아니기에 이런 노력을 한다고 말하는 게 두려웠고, 냉수적인 시선에 움츠러든 적도 있다. 하지만 냉소는 아무것도 바꾸지 못한다.

　영국에서 시작된 '축소주의 운동'은 사람들이 육식을 10%만 줄여도 기후 변화, 동물 학대, 각종 질병을 줄이는 데 크게 기여한다고 말한다. 먹을지 말지를 결정하는 것보다 전 세계가 조금이라도 줄였을 때 나타나는 효과에 초점을 맞추는 게 중요하다는 것이다. 바쁜 일상에서 내 몸 하나도 겨우 건사하는 우리에게 환경에 최적화된 완벽한 라이프스타일은 불가능하기에, 나는 식생활뿐 아니라 살아가는 전반에서 부담감과 죄책감 없이 할 수 있는 것을 하려고 한다. 휴지 열 장 쓸 거 아홉 장 쓰고, 고기 열 번 먹을 거 아홉 번 먹고, 옷 열 벌 살 거 아홉 벌 사는 거 정도는 해볼 수 있지 않을까? 불완전해도 더 나은 세상을 만드는 축소주의자, 여기서부터 시작하자.

(오늘의 움직임)

　결심한 순간, 화장대와 욕실을 뒤져 동물실험 없이 만들어진 화장품을 찾았다. 세상에, 딱 하나… 있었다. 그러니까 이것 말고 다른 건 모두 좁은 곳에 갇힌 토끼가 나 대신 발라보고 괴로워서 발버둥 치다 죽거나 생존하면 관찰을 위해 죽여진 다음에 써도 된다고 입증된 성분으로 만들어졌다는 것. 자랑스럽던 화장품 라인업을 보며 이제는 속이 상한다.

무해한 하루를 시작하는 다섯 가지 마인드셋

○ 정보를 습득하고 나눈다

　환경에 관한 책, 뉴스, 다큐멘터리를 보며 객관적 수치에 기반한 연구 결과와 실천 사례들을 접하는 것은 강한 동기를 불어넣어 준다. 기후변화, 환경의 상태나 회복을 위한 방법은 계속 변하고 있어 최신의 정보를 가까이하는 것이 좋다.

○ 작은 것부터 시작한다

　일상에서 환경을 해치는 것을 한 번에 없애기란 생각보다 어렵다. 내가 만들어낸 일주일 치 쓰레기부터 살펴보자. 그중 많은 비중을 차지하는 것부터 줄일 방법을 찾아본다. '플라스틱 빨대만은 쓰지 않기' 같은 작은 결심을 하고, 반으로 갈라져 세척되는 실리콘 빨대를 열심히 챙겨 다니며 친환경을 지향하는 사람의 자부심을 느끼는 것으로 시작한다.

○ 일회용은 다회용으로 바꾼다

　물티슈는 작은 수건으로, 종이컵은 텀블러로, 생활용품들을 여러 번 쓸 수 있는 것으로 바꾼다. 물론 그전에, 이미 구입해둔 것은 아껴서 모두 사용한다. 가방에 가벼운 장바구니를 상비하면 생각보다 포장재를 받아오지 않을 기회가 많이 생긴다.

○ 주변 사람들에 휘둘리지 않는다

　의외로 더 나은 생활방식을 받아들이는 것보다 비난하는 게 더 쉽다. 죄책감 없는 삶은 강요할 일도 아니지만 참견받을 일도 아니다. 건강한 라이프스타일을 유지하다 보면 생각보다 빨리 친환경으로 나아가는 정보를 주변에서 물어오기도 한다.

○ 영감을 받는다

어쩌면 오래된 것에서도 힌트를 얻을지 모른다. 비건, 제로 웨이스트, 에코 프렌들리는 마치 요즘 등장한 키워드 같지만 예전엔 자연스러웠던 라이프스타일이기도 하니까. 또한 강연을 듣거나 모임에 참여하는 등 멋지다고 생각하는 사람의 생각을 들여다보는 건 친환경 여행을 떠나는 첫걸음이자 꾸준해지는 방법이다.

03/

지속 가능한
24시간을 찾습니다

교토의 채식식당
'Veg out'에서
인상적이었던 글귀.

'Sustainability(지속가능성).'

이 단어를 알게 된 뒤로 잊히지 않는다. 일반적으로는 어떤 상태를 유지하는 능력, 생태학적으로는 생태계가 생태의 작용, 기능, 다양성, 생산을 정상적으로 유지하는 능력. 미래에도 사람과 환경이 최선의 상황에서 살게 하는 것. 인간이 뭘 해도 지구를 파괴 중인 것 같은 이때, 어떤 행동을 바꾸고 무엇을 덜 누려야 환경도 사람도 적정선에서 행복한 생활패턴이 만들어질까.

이런 고민 속에 작은 실천을 시작한 지 4년 차, 건강과 지속가능성을 염두에 둔 습관들이 점점 늘고 있는 일상을 기록해봤다.

아침에 일어나면 제일 먼저 도시락을 준비한다. 입에 당기는 음식을 그때그때 사 먹으면 몸이 무거워지고, 몸이 무거우면 생각한 일을 하는 시간보다 늘어져 버리는 시간이 더 많다는 것을 경험했기에 무엇을 어떻게 먹는지가 내게 무척 중요하다. 몇 해 전 교토의 한 채식식당에서 봤던 "You are what you eat"이라는 글귀를 떠올리며 지금 먹는 것이 곧 나 자신이라는 생각을 자주 한다.

그러다 보니 음식을 대하는 태도가 천천히 변했고, 귀찮을 때도 많지만 의식적인 음식 소비는 일상에 많은 변화를 가져오고 있다. 오늘의 도시락은 어젯밤 넉넉히 만들어둔 템페 야채볶음밥. 따뜻하게 데워서 보온도시락에 담고 요즘 제철인 복숭아 두 개를 깎아 작은 통에 담는다. 템페(Tempe)는 콩을 발효시켜서 만든 인도네시아 전통음식으로 된장이나 낫토에 비해 향이 강하지 않고 식감도 부담스럽지 않아 고소하게 먹기 좋다. 일주일에 며칠이라도 '채식 지향'을 노력하는 요즘 나에겐 든든한 단백질원이다.

하루 중 가장 처음 먹는 음식은 신선한 과일을 먹으려고 노력한다. 제철 과일은 신선하고 저렴한데 탄소 발자국까지 적으니 더 좋다. 여름에는 상할까 봐 과일을 싸서 다니기 걱정되기도 하는데 포도나 방울토마토처럼 손으로 집어먹기 편리한 작은 과채들을 빈 텀블러에 준비하면 좋다. 약간의 보냉 효과가 있어 싱싱하게 먹을 수 있고, 다 먹은 뒤에는 텀블러 본연의 용도로 사용하면 되므로 짐을 줄일 수 있어 일석이조다.

먹는 것도, 씻는 것도, 입는 것도 점점 더 단순하게

아침 요가를 하러 나가기 전, 비누로 빠르게 얼굴부터 발끝까지 씻고 대나무 칫솔로 양치를 한다. 폼클렌저나 바디워시 없이 천연 비누 하나로 몸을 씻은 지는 어느덧 2년이 넘었다. 욕실에서 발생하는 미세플라스틱(microplastics)과 플라스틱 용기를 줄이기 위해서, 그리고 나의 건강을 위해 화학제품을 줄이기 위해서였다. 처음에는 덜 씻은 것처럼 다소 찝찝한 기분이 들기도 했는데 요즘엔 오히려 씻는 루틴이 단순화되어 정신적으로나 시간적으로 쏟는 불필요한 에너지 소모가 줄고, 화학성분 없이 만든 순한 숙성비누로 씻다 보니 피부가 뒤집어지는 일이 줄어 여러모로 만족스럽다.

백팩에 노트북, 도시락, 텀블러 등 짐을 빵빵하게 채웠다면 이제 출발. 하루를 요가 수련으로 시작하는 것은 쉽지 않지만 소중한 습관이다. 육체적으로 많은 힘을 필요로 하는 격렬한 스타일의 아쉬탕가 요가(Ashtanga Yoga)를 한 시간 반 수련하고 나면 잠념이 사라지고 몰려오는 성취감과 함께 생각과 판단이 명료해진다. 5년째 쓰고 있는 만두카 요가매트는 쓰레기로 버려지는 PVC 매트의 소비를 줄이기 위해 평생 쓸 수 있도록 만들어졌고, 생산 과정에서도 독소를 배출하지 않으며, 인체에 무해한 성분 인증을 받았다. 처음 살 때

오늘의 도시락은 어젯밤
만들어둔 템페 야채 볶음밥.

는 상대적으로 고가라 고민스러웠지만 매트가 닳아 헤져 주기적으로 바꾸던 때와 달리 계속 쓰는 것을 보니 '친환경 실천은 당장은 돈이 드는 것 같아도 장기적으로 보면 분명한 경제적 효과가 있다'는 말이 실감 난다.

땀 닦는 수건은 흡수성과 통기성이 좋은 양면 거즈타월을 구입해 챙겨 다니고, 땀이 뚝뚝 떨어진 매트는 시중에 판매하는 클리너로 닦다가 이제는 직접 편백수에 살균 효과를 지닌 에센셜 오일을 넣어 만든 천연 클리너를 사용한다. 그러고 나서 요가복과 수건은 예전에 인터넷으로 무언가 주문했을 때 딸려온 비닐 지퍼백에 담는다. 가급적이면 비닐 사용을 줄이려고 방수 파우치를 써보기도 했지만, 땀이 방수 기능을 이겨서 가방 안에 담겨있던 물건들이 젖는 바람에 무용지물이었다. 기능면에서 비닐이 필요할 때도 있고, 물건을 구입하다 보면 포장 때문에 피할 수 없을 때도 있어서 나만의 원칙을 세웠다. 내 돈 주고 플라스틱, 비닐, 일회용품을 구입하진 않지만 불가피하게 내게 왔다면 정성 들여 재사용하기. 이것이 새로운 다짐이 아니라 비닐봉지의 원래 용도라는 것은 최근 알게 됐다. 사람들이 물건을 살 때마다 쓰고 버리는 종이 봉투 때문에 너무 많은 나무가 벌목되는 것을 막기 위해 스웨덴 공학자 스텐 구스타프 툴린이 발명한 거라고. 그는 사람들이 튼튼하고 가벼운 비닐봉지를 여러 번 사용하면 나무의 희생과 환경오염을 막을 수 있을 거라 생각했고, 실제로 주머니에 넣고 다니면서 계속 썼다는 기사를 보며 머릿속이 복잡했다. 비닐봉지를 일회용으로 쓰는 바람에 지구 오염 주범이 됐고 친환경 움직임으로 다시 또 종이를 많이 소비하고 있는 세상이 떠올라서.

매일 입는 옷에 대해서도 많은 변화가 생기고 있다. 장비발 세우기 좋아하는 나는 요가 강사를 시작했을 때도 수많은 요가복을 구입했다. 하지만 옷감의 대부분이, 특히 신축성 좋은 운동복은 더욱더 폴리에스테르, 나일론, 아크릴 등 플라스틱 소재 합성섬유로 만들어져 세탁할 때마다 미세플라스틱을 배출하며, 그것이 바닷속 생태계를 위협하고 있다는 다큐멘터리를 접한 뒤로는 새로운 소비를 확 줄였다. 되도록 있는 옷을 체크해 잘 활용하고, 입지 않는 옷은 주변에 나눔하거나 중고거래, 기부를 이용한다. 낡아서 버려야 하는 옷은 리폼하거나 다른 용도로 쓸 수 있을지 한 번 더 고민하고, 새로 장만하는 옷은 되도록 유기농 소재나 폐플라스틱으로 만든 재생 폴리에스테르인지 따져보며 구매하고 있다. 그러다 보니 내가 삶에서

취하는 모든 것에 있어서 그것을 만드는 사람과 브랜드의 가치관이 구매를 결정하는 가장 큰 요소가 됐다.

소소한 기쁨이 시시때때로 피어나는 하루

　일과를 마치고 돌아오면 반려견 시몽이와 걷는다. 특히 생각이 많을 때 계절의 변화를 느끼며 하는 산책만큼 머릿속을 정리하는 데 효과적인 게 없다. 나갈 때는 옥수수 전분으로 만들어져 90~180일이 지나면 생분해되는 친환경 배변봉투를 챙기고, 다녀와서는 성분이 단순한 애견비누로 시몽이를 씻긴다.

　강아지와 함께 살면서 에코 라이프를 염두에 둔다면 가장 실천하기 힘든 건 아마도 일회용 배변패드 사용을 피하는 것일 거다. 처음에는 나도 일회용 패드를 썼고, 일주일에 나오는 것만 모아도 부피가 커서 제발 화장실에 볼일을 봐주기를 바라곤 했다. 시몽이도 나와 함께 나이를 먹어 습관을 고치긴 어렵다는 것을 인정한 뒤로 패드를 대신할 배변판을 장만했다. 일반적인 플라스틱판은 아니고 철제로 된 큼지막한 판인데, 고맙게도 그곳에 소변을 잘 보고 있다. 세척은 조금 힘들지만 나뿐 아니라 우리 시몽이도 지구에 흔적을 남기지 않는다는 뿌듯함이 좋다.

　즐거운 24시간을 보내려면 향긋한 커피 한 잔도 중요하다. 집에서는 스테인리스 소재의 핸드 드리퍼에 원두커피를 내려 마신다. 일회용 종이 필터를 쓰지 않을 수 있고, 또 드리퍼 자체도 영구적으로 쓸 수 있다는 점이 마음에 든다. 원두의 오일 성분과 단맛이 흡수되어 버리는 종이 필터와 달리 원두 본연의 맛이 고스란히 잔 안에 담긴다는 장점도 있다. 카페에서 미팅을 하거나 혼자 작업할 때는 챙겨간 텀블러를 내밀고, 비 오는 날에 꼭 마시는 라떼는 언제나 우유 대신 두유로 주문한다.

저녁식사는 되도록 가볍게 먹으려고 한다. 과식하면 숙면이 어렵고 다음 날 아침까지 몸이 무거워 요가 수련이 힘들기 때문이다. 채식을 지향하며 가장 큰 걱정거리 중 하나는 탄수화물 섭취량이 급증한다는 것인데, 자칫하면 정크비건식에 빠질 위험이 있어 주의하고 있다. 오늘은 한살림 채식 만두를 구워 먹었는데 고기가 들어가지 않았지만, 깔끔하고 맛있었다.

저녁 수업 없이 쉬는 날이면 휴대폰을 방해금지모드로 해두고 책을 읽거나 가끔 맥주도 마시며 마음껏 늘어지는 시간을 보낸다.

종이 필터가 필요 없는 킨토 슬로우 드리퍼.

많은 사람을 만나는 일을 하다 보니 이렇게 혼자서 비워내고 또 채우는 시간이 분명 필요하다. 침대에 눕기 전에는 내일 일정을 위한 짐을 챙긴다. 요가가 끝나고 갈아입을 옷을 챙기고, 도시락 쌀 재료들도 미리 손질해둔다. 차가 없는 뚜벅이다 보니 일주일에 한 번은 자전거 타이어의 바람도 빵빵하게 채워 넣는다. 짐을 챙길 때는 물론 사은품이나 패키지로 딸려온 파우치를 쓴다. 선호하는 소재는 표백되지 않은 삼베나 소창으로, 사실 보기만 해도 기분 좋은 소재라 더 오래 잘 사용하게 되는 것 같다. 그렇게 일과를 모두 마치곤 내일 할 일 리스트를 휴대폰 메모앱에 간단히 정리하고 잠을 청한다.

위 일과는 꽤 오래 지속하고 있고, 앞으로도 지키고자 하는 삶의 모습이다. 종종 핀잔을 듣기도 한다. 편하게 차 타고 다니고, 편하게 사서 쓰고 사서 먹으라고. 나는 어떻냐 하면… 몸이 힘들기보다 정신이 피로할 때가 가끔 있다. 아무것도 안 하고 자연인으로 사는 중은 아니니까 어느 정도 선에서 타협해야 할지 헷갈리기도 하고. 그래서 지금도 내 생활패턴에 잘 맞는 삶의 방식을 찾기 위해 끊임없이 시행착오를 겪는 중이다.

그럼에도 분명한 것은, 지금 내가 변하고 있는 방향이 사람이든 동물이든 자연이든 누군가를 해치지 않는 쪽이라는 사실이 굉장한 안도감을 준다는 것이다. 그저 사는 대로 살아지기 전에 스스로 신념을 가꿔가며 사는 일이 오래오래 성장에 대한 영감과 안정감을 줄 거라고 믿는다.

오늘의 실천

　7년째 두 다리를 대신해주는 고마운 자전거. 생김새는 투박하고 많이 낡았지만, 그만큼 견고하고 편안하다. 요즘 가끔 삐걱거리는 소리가 들려 자주 손봐주고 있다. 탄소 배출을 줄여 환경에 이롭다는 것 외에도 주차나 교통 체증 걱정 없고, 운동 되고, 교통비도 절약돼 가능한 거리라면 무조건 자전거를 타고 간다. 뭣보다 바람을 샥샥 맞으면서 달리면 모든 스트레스가 날아간다.

04

우리는 어쩌다
신용카드를 먹고 있을까

나부터 조금씩 바꿔보자고 마음먹었을 때 제일 먼저 한 일은 SNS에서 친환경 실천에 관한 정보를 얻을 수 있는 몇몇 계정을 팔로우한 것, 그리고 가장 자주 사용하는 생필품부터 다시 세팅하는 것이었다. 잘하고 싶은 것은 매일 해봐야 하니까.

"노 플라스틱."
이것부터 시작해야 했다. 우리는 매주 5g, 즉 신용카드 한 장만큼의 플라스틱을 먹고 있다. 무심코 사용한 플라스틱은 미세플라스틱이 되어 생태계를 침범하고, 생수를 포함한 마시는 물, 해산물, 소금 같은 식재료로 돌아와 우리 몸을 침범하는 그야말로 '플라스틱의 역습'이 이미 시작된 것이다.
유한자원인 석유로부터 추출하는 플라스틱은 심지어 생산과정에서도 많은 에너지를 소모하고 온실가스를 배출한다. 그리고 무엇보다 무서운 것은 썩어 없어지지 않는다. 인류에게 엄청난 편리함을 선사한 플라스틱은 우리가 죽고 난 뒤에도 어딘가에 매립되거나 바다를 떠돈다.

매일 쓰는 욕실 제품들은 알고 보니 플라스틱 덩어리였다. 수많은 플라스틱 용기는 물론이고, 샴푸나 린스부터 바디스크럽 속 작은 알갱이까지 내용물에도 유해 화학성분과 미세플라스틱이 들어 있다. 특히 플라스틱을 부드럽게 하는 화학첨가제 프탈레이트는 생식기관에 악영향을 끼치고 뇌의 인지능력도 손상한다는 실험 결과가 있다. 이런 것들이 오랜 세월 바다로 흘러 들어가 해양 생태계를 위협하다가 이제 사람들의 체내에 차곡차곡 쌓이고 있다.

플라스틱 없는 욕실은 가능할까?

세면도구 다이어트를 시작했다. 한 번 씻는데 쓰던 열 가지도 넘는 제품은 서서히 줄였고 더 이상 사지 않았다. 욕실이 심플하고 깨끗해졌는데 무엇을 없앴더라 싶을 만큼 불편함도 느끼지 않았다. 아마 미디어를 통해 접한 대로 너무 많은 것을 필요하다고 믿으며 살았는지도 모르겠다. 막상 사라져도 삶은 그대로인데.

'손상모 보습 효과', '상큼한 과일향' 등 커다란 광고 카피 뒤 작게 쓰인 전성분은 참 길다. 샴푸를 제조하는 데는 놀라울 만큼 많은 화학물질이 들어간다. 그중 소듐라우레스설페이트라는 성분은 소듐라우릴설페이트와 1급 발암물질인 에틸렌옥사이드가 합성된 성분으로, 가격은 저렴하고 세정력이 강해 샴푸에 자주 들어간다. 음식에는 유해물질 하나라도 들어가는 것을 꺼리면서 몸에 바르고 씻는 것은 왜 뭐로 만드는지조차 관심이 없었을까. 먹는 것만큼은 아니어도 피부를 통해 흡수되는데 말이다. 게다가 두피는 얼굴보다 모공이 크고 두 배나 많아서 화학물질이 더 많이 흡수된다.

샴푸는 천연재료와 자연 유래 성분으로 된 액상 샴푸를 만들거

나 사서 쓰다가 고체 샴푸바에 정착했다. 머리를 감는 동안 뻣뻣한 느낌이 들어 걱정했는데 말리고 나니 부드러웠고 겨울철 정전기 때문에 린스바까지 함께 쓰자 머릿결이 만족스러울 정도였다. 꾸준히 쓰고 있는 것은 발달장애인과 비장애인이 함께하는 소셜벤처 동구밭의 '플라스틱프리 올바른 샴푸바'이다. 유해화학물질 하나도 없이 자연 유래 추출물과 식물성 오일로 만들었는데 세정력과 사용감도 좋다.

샤워할 때 물을 틀어놓으면 1분에 12ℓ 가량이 흘러간다. 요즘은 약산성 천연비누 하나로 얼굴부터 발끝까지 3~4분 안에 씻고, 비누칠할 때는 물을 꼭 꺼둔다. 산수비누, 웬즈데이블루 같은 내 피부에도, 환경에도 무해한 성분의 비누를 번갈아 쓰고 있다. 아보카도오일이 들어간 비누로 씻으면 세정력이 좋아 이중세안 없이 화장도 잘 지워진다. 씻는 루틴이 간편해지자 정신적, 시간적으로 들이는 에너지가 줄어든 것은 예상치 못한 장점이다. 아쉬운 것은 향이 오래 지속되지 않는 것인데 호호바오일과 스윗아몬드오일, 아로마오일을 넣어 만든 바디오일로 향도 보습도 챙기고 있다.

가끔 반신욕을 하고 싶을 때면 소금에 에센셜오일을 섞어서 배스솔트로 쓰고, 바디스크럽이 필요하면 흑설탕에 오일을 섞는다. 많이 건조할 때는 수제 바디오일을 시중 판매되는 성분 착한 크림과 섞어서 사용한다.

치약의 경우 화학성분 무첨가 제품을 쓰다 보니 가격이 부담되는 면이 있어 직접 만들기에 도전하고 있지만 아직까지 사용감이 아쉽다. 미세플라스틱 없는 고체치약을 찾았으나 플라스틱 용기에 담겨 판매되고 있어서 이 또한 마땅치 않았다. 지금은 일단 용기에 대한 고민은 해결하지 못한 채 매일 사용하기에 가격이 합리적이고 인체와 환경에 무해하다고 하는 베이킹소다 치약을 쓰고 있다. 사소한 습관들이 나의 건강도, 해양 생태계도 지켜주기를 바라며.

05

나의 친환경 칫솔 사용기

하루 세 번 매일 쓰는 생활필수품 칫솔은 어떤 일상을 보내고 있는지를 상징적으로 보여주는 것만 같다. 패키지 예쁜 것을 사기도 하고, 손에 잡히는 저렴한 것을 택하기도 하고, 정신이 없어 교체 시기를 훌쩍 지난 채 쓰기도 한다. 한두 달 사용 후 교체가 권장되기 때문에 전 세계에서 한 해 동안 40억 개의 칫솔이 버려지는데, 플라스틱 칫솔 하나가 분해되어 자연으로 돌아가는 데는 500년 이상의 시간이 걸리므로 대안이 필요하다. 입에 넣어 사용하는 것이고 물에 자주 닿는 것이다 보니 친환경 소재이면서 위생적인 관리가 가능한 것을 찾아 여러 소재를 사용해봤다.

재생플라스틱, 사탕수수, 대나무… 플라스틱 대체재로 만들어진 여러 칫솔을 사용해봤다.

○ 대나무 칫솔(닥터노아, 마이아일랜드)

성장속도가 빠르고 비료나 살충제 없이 생산 가능한 대나무로 만들어졌다. 매립하면 100% 생분해되고, 소각해도 플라스틱에 비하면 유해가스를 많이 배출하지 않는다. 일반 미세모 칫솔처럼 사용감도 좋다. 다만 대나무는 수분을 흡수하므로 오일코팅이 살짝 되어 있어도 다른 것보다 곰팡이가 피기 쉬워 건조에 신경 써야 한다.

○ 옥수수 칫솔(에코닛시)

옥수수로 만든 생분해 칫솔은 매립하면 미생물에 의해 분해가 시작되어 6개월 뒤 90% 이상 분해되어 자연으로 돌아간다.

○ 사탕수수 칫솔(슈가랩)

석유를 대체하는 재생가능자원인 사탕수수 당밀에서 추출한 식물성 플라스틱으로 만들어진다. 장점은 플라스틱 칫솔과 유사하게 가볍고, 사용 후 수분을 머금고 있지 않아 휴대하기 편리하다. 그리고 생산과 소각 시에 일반 칫솔보다 70%의 탄소 절감효과가 있어 대기오염을 줄여주는 효과가 있다. 다만 매립 시 생분해되지는 않는다.

○ 재생플라스틱 칫솔(조르단, 테페)

칫솔대는 재생플라스틱, 칫솔모는 피마자유라는 식물성 원료에서 추출한 나일론, 패키지는 재활용지로 만들어졌다. 생분해 가능하고, 관리나 휴대가 쉽다. 디자인도 예쁘다.

○ 비건 치실(닥터노아)

옥수수 전분으로 만들어진 실에 식물성 왁스로 코팅된 비건 치실은 모두 생분해되는 제품으로, 기존에 사용해본 치실보다 얇고 손에서 미끄러지는 느낌 없이 견고해서 사용하기 편했다.

친환경 칫솔을 여러 개 사용하며 느낀 첫 번째 소감은 코팅되지 않은 패키지만으로도 우선 안도감이 든다는 거다. 일반적인 상품 패키지들처럼 라미네이트 코팅된 종이는 재활용되지 않기 때문에 아무런 코팅이 되지 않은 것만 해도 감사한 기분이었다. 두 번째 소감은 아직까지 칫솔모까지 완벽하게 생분해되는 되는 것은 없어 아쉽다는 거였다.

대나무 칫솔로 처음 양치를 하면 나무 특유의 향이 느껴지기도 하고 휴대 시 밀폐시켜 다니면 위생이 걱정되어 한동안 여러 소재를 번갈아 사용해왔다. 그러다 그냥 플라스틱보다는 낫겠지만 재생플라스틱 또한 만들 때 에너지 소모와 온실가스 배출이 있을 테고, 생분해 과정과 조건이 아직 완벽하게 알려지지 않았다는 데 생각이 미쳐 칫솔 방황은 잠시 멈추고 대나무 칫솔에 정착했다. 통풍 잘 되고 햇빛 잘 드는 곳에서 자주 말리면 어떤 칫솔보다 더 개운하다.

흔적을 남기지 않는 삶

최근 '디지털장의사'라는 직업이 생겼다고 한다. 그들은 고인이 세상을 떠나기 전 온라인에 남긴 흔적, 즉 사진이나 댓글 등을 지우는 일을 대행해준다. 고인의 잊힐 권리를 존중하는 방법 중 하나일 수도 있겠다는 생각이 들었다.

한 지인의 습관은 외출 전, 집을 깨끗하게 치우는 것이다. 그는 시간이 부족해 옷매무새를 못 만지더라도 청소만큼은 꼭 한다고 한다. 이유는 혹시나 자신이 불의의 사고로 오늘 다시 이 집으로 돌아오지 못한다면 가족들이 대신 들어올 텐데, 정리가 안 된 상태로 자신의 마지막을 기억하게 하고 싶지 않다는 거였다. 이런 습관에 대한 이야기는 내게 참 많은 생각을 하게 했다. 한 번도 상상한 적 없는 일이었기 때문이다. 그 뒤로는 나도 종종 그런 상황을 떠올리며 나의 마지막을 정리할 가족을 위해 보이지 않는 곳까지 깔끔하게 청소를 할 때가 있다. 어느 때가 온다면 디지털장의사의 도움도 받고 싶다. 더 이상 내가 컨트롤 할 수 없는 흔적으로 인해 회자되기도, 가족들을 슬프게 하고 싶지도 않을 것 같기 때문이다.

이렇듯 '마지막'은 누구에게나 참 중요한 것 같다. 나는 지금까지 얼마나 많은 쓰레기 흔적을 남겼을까 세어지지 않는 숫자를 어림잡아 본다. 아마 내가 100세까지 산다고 해도, 어린 시절 내가 먹고 버린 요구르트병은 그보다 훨씬 더 긴 시간 동안 지구 어딘가를 떠돌아다닐 것이다. 내가 누린 찰나의 편리함이, 내가 세상에 존재하지 않을 때까지 어딘가에 남아 어떤 생명체를 위협하고 또 돌고 돌아 나의 후대까지 전해진다고 생각하면 마음이 좋지 않다. 이미 버린 것은 손쓸 수 없지만, 더는 그런 찝찝한 흔적을 남기고 싶지 않아진다.

에코 라이프의 기본이
'재사용'인 이유

아이러니하게도 환경친화적인 삶을 살겠다고 마음먹은 뒤 많은 소비를 했다. 흔히 말하는 '친환경 아이템'을 사들였기 때문이다. 이미 텀블러는 가지고 있었지만 디자인이 멋진 새 텀블러를 갖고 싶었고, 평소 찬 음료를 잘 먹지 않아 쓸 일도 없으면서 대나무 빨대, 스테인리스 빨대, 실리콘 빨대를 사모았다. 썩 마음에 드는 디자인은 아니지만 재생플라스틱으로 만든 옷이라기에 비싼 돈을 주고 산 적도 있다.

얼마 지나지 않아 알았다. '에코 프렌들리'는 핫한 마케팅 키워드임을. 친환경, 착한 성분, 재활용이라는 워딩을 자주 사용하는 브랜드는 많지만 그다지 환경에 도움이 되지 않는 제품이 간혹 있다는 것도. 무엇보다 환경을 위한다는 건 불필요한 소비를 걷어내는 건데 그러려면 습관 자체가 변해야 하고, 라이프스타일로 지속하기 위해서는 왜 해야 하는지에 대한 스스로의 이해와 납득이 필요했다.

예를 들어 일회용컵 하나를 생산하고 처리하는 것보다 텀블러 하나를 생산하는 과정에서 발생하는 온실가스가 훨씬 많다. 세척하는 데 드는 물까지 고려했을 때 환경을 위한 일이 되려면 텀블러 하나당 1000번 이상 써야 한다. 에코백도 하나를 수백 번 썼을 때 비로소 환경 보호 효과를 얻을 수 있다.

지구에서 매년 버려지는 플라스틱은 800만 톤. 그중 재활용되는 건 9% 남짓이다. 91%는 유독한 가스를 내뿜으며 불에 타거나, 지구 어딘가에 쌓이거나, 바다에 잔뜩 흘러 들어간다. 바닷물에서 잘게 쪼개진 미세플라스틱을 해양생물들이 먹고, 미세플라스틱 먹은 생선을 우리가 오늘 저녁 가족들과 먹는다.

이런 와중에 한국이 세계 1위를 찍은 게 있었으니 1인당 플라스틱 사용량이다. 한국인 한 명이 1년에 비닐봉지 420개를 쓰는 동안 핀란드인은 4개를 쓴다고 한다. "배달 최고, 편한 거 최고!"를 외치는 사이 배달강국은 쓰레기강국이 되어 있었다.

"휴, 이 포장은 생분해 비닐이래. 일반 쓰레기로 버리면 자연으로 돌아간대." 하며 우리를 안심하게 한 생분해 비닐에도 불편한 진실은 있다. 생분해 플라스틱은 일반 플라스틱처럼 재활용이 되지 않는 대신 땅에 묻으면 분해된다. 그러나 종량제 봉투 속 쓰레기 중 많은 양이 소각되기 때문에 생분해 플라스틱은 토양과 만나 분해될 새가 없어 마음 놓고 팍팍 썼다간 쓰레기만 더 늘리는 꼴이 된다.

이쯤이면 답은 하나다. 아무리 대체재를 개발하며 발버둥 쳐도 새로운 걸 덜 사고 있는 것을 잘 관리해 계속 재사용하는 것만큼 지구를 위하는 방법은 없다는 것.

나무로 된 것을 사서 오래 쓰기로 했다.

수백 번 넘게 쓰고 있는 에코백과 텀블러.

◯ 오늘의 기부왕

    서울 망원동 알맹마켓에 그간 모은 쇼핑백을 기부하러 다녀왔다. 세제나 생활용품을 포장 없이 챙겨간 용기에 구입할 수 있는 이곳에 깨끗한 종이가방 등을 기부하면 망원시장 상인들에게 나눠주어 비닐봉지 대신 쓰인다. 성수 더피커에서도 쇼핑백과 공병을 기부하면 미처 가방과 용기를 준비하지 못한 사람들이 에코쇼핑에 사용한다.

    찾아보면 이처럼 포장재나 안 쓰는 물건을 기부받는 곳이 많다. 가수 요조가 운영하는 책방무사에서는 안 쓰는 천가방을 기부받아 쇼핑백 대신 사용하고, 논밭상점에서는 아이스팩 수거 프로젝트를 벌이기도 한다. 사회적기업 터치포굿으로 망가진 우산을 보내면, 우산살은 악기를 만들고 우산천은 업사이클 디자이너에게 나눈다고 한다. 기부받는 곳이 멀고 보내기 애매하다면 자주 찾는 동네 가게에 물어보는 것도 좋은 방법이다. 깨끗하게 모아뒀던 포장재가 아까워서 근처 보틀숍에 혹시 필요한지 여쭤보니 무척 반가워하며 받아주셨다.

일주일에 한 번 분리배출, 그거 하난 잘해왔는데

　2017년, 폐플라스틱의 40% 이상을 수입하던 중국이 수입을 중지하면서 우리나라를 포함한 전 세계에 쓰레기 대란이 있었다. 2018년, 우리나라 한 업체가 필리핀에 분리·선별된 폐플라스틱이라며 이물질 가득한 폐플라스틱을 불법으로 수출했다가 필리핀 당국에 적발됐다. 평택항으로 되돌아온 6000톤 넘는 폐플라스틱은 재활용될 수 없는 상태라 10억 원을 들여 소각해야 했다. 같은 해, 아이러니하게도 우리나라의 폐플라스틱 수입량이 수출량을 넘어섰다. 그 많은 분리배출된 플라스틱이 이물질이 묻어 있거나, 색깔이 들어가 있거나, 포장재가 떼어지지 않아 그냥 쓰레기나 다름없기 때문에 재활용업체들이 깨끗한 일본산 폐플라스틱을 수입해서다. 그러고 보면 한국이 재활용률 세계 2위라는 자료를 접하고 자부심이 있었는데 많은 분량이 폐기되고 나서 선별된 플라스틱의 재활용률이라 허점이 있다고 한다.

　그리고 2020년, 코로나19로 집에 있는 동안 엄청나게 늘어난 배달만큼 늘어난 폐지와 폐플라스틱이 수출도, 재활용도 되지 못한 채 쌓였다. 너무 많이 나오니 가치가 떨어져 업체는 가난해졌는데 보관할 공간이 부족해 동동거리고 있다.

쓰레기 대란이 일어났을 때 대부분의 사람들은 소스라치게 놀랐다. 비닐을 모아 내놓으면 요렇게 조렇게 녹여 새 플라스틱이 되는 줄 알았는데, 요술처럼, 그런 게 아니었다니. 아닌 정도가 아니라 지금껏 분리배출한 방법이 잘못되어 다 쓰레기로 묻히거나 태워졌다니. 어릴 때부터 그거 하난 잘해왔다고 믿었는데.

○ 비닐&플라스틱

깨끗하게 헹궈서 라벨이나 스티커를 모두 떼어낸 뒤 배출한다. 이물질 제거가 어렵거나 유색인 경우 일반 쓰레기로 버려야 한다. 페트병은 뚜껑과 병 부분의 재질이 달라 다 마신 뒤에도 뚜껑 닫아 버리지 말고 뚜껑과 병을 분리해 버린다.

○ 캔&유리병

라벨이나 플라스틱 뚜껑 같은 것과 분리하고, 이물질 없이 깨끗하게 헹군 뒤 배출한다. 깨진 유리는 신문지로 싸서 종량제 봉투에 버린다.

○ 스티로폼

테이프를 반드시 제거 후 배출한다. 흰색만 재활용 가능하며, 이물질이 많이 묻은 스티로폼은 쪼개어 종량제 봉투에 담아 배출한다.

○ 종이

노트나 신문, A4용지 같은 일반 폐지와 우유팩, 종이컵 같은 전량 수입펄프로 만들어진 종이는 서로 다른 공정을 거쳐 만들어지고, 재활용 시에도 각기 다른 제품류로 만들어지기에 따라 배출해야 한다. 종이 1톤을 재활용하면 나무 17그루와 물 28톤을 아낄 수 있다. 포장지 등 코팅된 종이는 안타깝게도 종량제 봉투에 버려야 한다. 내가 사는 동네에서는 주민센터에 우유팩을 모아 가져가면 두루마리 휴지로, 폐건전지를 가져가면 종량제 봉투로 교환해준다. 지역마다 정책이 달라서 거주지 주민센터에 확인해야 한다.

○ 의류

 헌옷, 신발, 목도리, 가방, 담요, 누비이불, 커튼, 카펫은 지역 내 설치된 의류수거함에 배출한다. 속옷, 솜이불, 베개, 방석, 롤러스케이트 등 수거 대상이 아닌 것은 종량제 봉투에 버린다. 바퀴 달린 여행용 가방은 수수료를 내고 대형 폐기물 신고를 해야 한다.

오늘의 힘쓰기

　　페트병에 남은 플라스틱 고리가 물고기 입을 막아 그대로 죽은 사진을 봤다. 그 뒤로 페트병을 볼 때마다 고리가 무서워서 니퍼로 끊어서 버리곤 했다. 그런데 최근에는 그대로 뚜껑을 닫아서 배출하면 선별 시 문제가 없다고 하여, 이제는 페트병을 깨끗이 세척해 발로 밟아 압축한 뒤 뚜껑을 닫아 버리고 있다. 계속해서 업데이트가 필요한 분리 배출 정보. 최대한 안 쓰는 것이 답이겠지만 참 어렵다.

→ Before

→ After

---

*어떻게 버려야 할지 헷갈릴 때는 '내손안의분리배출'이라는 앱의 큐앤에이를 이용한다. 앱에 들어가면 항목별로 상세한 분리법을 확인할 수 있다.

매일 입는 옷 뒤에 숨겨진 이야기

"선생님, 우리가 입는 옷에 많이 쓰이는 폴리에스테르도 플라스틱인 거 아셨어요? 옷이 환경오염 유발하는 5대 원인 중 하나래요."

어느 날 요가 수업이 끝나고, 내가 환경 문제에 관심을 기울이고 있다는 걸 아는 수강생이 물어왔다. 생활 속 플라스틱 사용을 고민하며 확 줄이고 있는 시기였건만, 등잔 밑이 어둡다더니 아직도 매일 입으며 배출하고 있었던 거다. 패스트 패션으로 대표되는 오늘날의 패션 산업은 전 세계 5대 오염 산업 중에서도 1위인 석유 산업 뒤를 이은 2위다. 많이 생산해 많이 버려지는 것 이상으로 심각한 문제를 안고 있다.

우선 원단을 생산할 때의 문제. 전체 섬유 중 3분의 1을 차지하는 폴리에스테르는 석유에서 비롯되며 그 과정에서 많은 양의 이산화탄소를 배출한다. 레이온(=비스코스=인견)은 자연 원료를 쓴다고 하나 강한 화학처리 공정을 거친다. 내 몸과 자연에 괜찮은 소재인지 확인할 때는 원재료뿐 아니라 공정을 따져야 한다. 생리대 파동 때 면 100%를 썼다고 하면서 유해성분이 발견된 것도 화학약품을 사용하는 공정 때문이었다.

그럼 '면'을 택하면 괜찮을까? 안타깝게도 유기농이 아닌 일반적인 면솜 생산은 환경 오염에 있어 최악의 가해자다. 면솜을 재배할 때 아주 많은 물과 농약이 필요하고 제작 공정에도 해로운 염료와 화학약품을 사용한다. BBC 다큐멘터리 〈패션의 더러운 비밀〉에 따르면 청바지 단 한 벌을 만드는 데 무려 15,000ℓ의 물이 들어간다고 한다. 병충해에 약한 목화 재배에 사용된 어마어마한 농약은 강으로 흘러 들어가 현지 주민 건강에 심각한 해를 끼치고 있다.

합성 섬유는 우리가 착용하고 있을 때는 대기 중으로, 세탁할 때는 물속으로 미세플라스틱을 분출한다. 만약 동물권을 위해 모피에 반대하며 폴리에스테르로 만든 인조모피를 구매했다면 세탁할 때마다 다시 바닷속 물고기에게 미세플라스틱을 먹이고 있는 것이다. 폐기 처리된 합성 섬유를 태운다면? 이번에는 탄소는 물론 다이옥신과 같은 환경오염 물질이 나온다. 기분 전환을 위한 잦은 쇼핑과 싼 맛에 사서 한철 입고 버리는 소비 패턴이 지구에 무슨 짓을 하고 있었던 걸까.

갑자기 옷장을 싹 갈아치우는 건 부담스럽기도 하고 낭비이기도 해서, 먼저 몸에 직접 닿는 속옷과 수건을 유기농 면으로 바꿨다. 목화 재배 과정에서 농약이나 화학비료를 쓰지 않아 토양에 해를 끼치지 않고, 섬유로 만드는 공정에서도 몸에 해로운 물질을 쓰지 않는 소재다. 이미 많은 에너지와 자원을 쓰고, 탄소를 배출하며 만들어진 옷을 다 처분할 수는 없다. 대신 새 옷이 필요할 때는 유기농 섬유나 재생 폴리에스테르를 택한다. 재생 폴리에스테르는 폐플라스틱이나 어망 등을 재활용해 만든 것인데 아직 많이 생산되고 있지는 않지만 늘어나는 추세다.

대표적인 친환경 섬유인 라이오셀은 텐셀이라는 브랜드의 상품이 유명하다 보니 텐셀이라고 불리는 경우가 많다. 모든 라이오셀이 무해한 건 아니지만 텐셀을 비롯한 여러 브랜드에서 식물성 원료를 사용하고 독성이 없는 용해제를 쓰는 등 친환경 라이오셀을 많이 생산하고 있다. 그 밖에도 옥수수, 코코넛, 바나나, 파인애플,

사과 껍질과 대나무 추출 성분으로 친환경 섬유가 만들어지고 있다. 다만 뱀부라는 섬유는 대나무를 원료로 하지만 공정에서 유독한 화학물질을 쓰는 경우가 많아 유의해야 한다.

더 이상 옷을 사지 않겠다며 몇 년 전 칸 영화제에서 입었던 붉은 드레스를 아카데미 시상식에 다시 입고 나온 배우 제인 폰다만큼의 결심은 아직이지만 옷장 다이어트 후 확실히 '뭐 입지'에 대한 스트레스는 줄었다. 쇼핑의 낙이 간절할 때는, 내구성이 좋고 클래식한 디자인과 착한 소재를 갖춘 옷을 가끔 구입해서 오래오래 잘 관리하며 입자는 것이 지금의 마음가짐이다.

면생리대와 위생팬티, 번거로움을 넘어선 편안함

여성 한 명이 생리 한 주기에 사용하는 일회용 패드의 양은 얼마나 될까? 평균 한 달 사용량은 20개, 그렇게 1년이면 240개, 평생에 걸쳐 약 2만여 개… 머리가 아파왔다.

발암물질 파동 때 더 비싼 유기농 생리대로 바꿔야 했고, 일회용 생리대 하나가 썩는 데 450년이 걸린다는 것을 알면서도 사실 면생리대를 쓰는 것은 내가 환경을 위해 실천할 수 있는 가장 마지막 단계라고 생각해왔다. 세척이 엄두가 안 났고, 샐까 봐 신경이 쓰여 일상생활에 많은 불편함이 있을 것이라 예상했던 까닭이다. 면생리대, 생리컵 등 일회용을 대체하면서 편한 방법이 없을까 찾던 중 패드 없이 착용하는 위생팬티를 접하게 됐다.

왠지 흡수층이 들어 있는 위생팬티를 입으면 옷을 입어도 많이 티가 날 것 같고, 밖에서 혹시라도 새면 손쓸 방도가 없을 것 같아서 '그럼 일단 집에서나 써보자' 하는 마음으로 수면용과 일반용을 하나씩 주문했다. 위생팬티를 입고 잔 첫날, 아침에 눈을 뜨자마자 바로 한 주기에 사용할 팬티를 전부 주문했다. 착용감에 대한 기대는 크지 않았는데 생리를 시작한 이래 처음으로 마음껏 뒤척이며 잠을 잤고, 냄새나 피부 발진 같은 불편함 없이 그 달이 편안하게 지나갔다. 양이 적은 날만 팬티라이너 대신 소형 면생리대로 바꿔도 알 수 있다. 그 촉감에 의한 마음놓임을.

오히려 하루는 생리 양이 많은 날, 일정이 언제 끝날지 모르는 외출이 생겨 불안감에 일회용 패드를 착용했는데 너무나 불편하고 신경 쓰여 최대한 일정을 빨리 마치고 집으로 돌아온 적도 있다. 위생팬티 착용 첫 달에는 그렇게 일회용 패드 2개를 썼으나 이후 한 번도 사용할 일이 없었다.

물론, 처음 갖출 때 비용이 많이 들고 일회용과 달리 손빨래를 해야 하며 일반 속옷보다 건조에 시간이 걸린다. 익숙해질 때까진 생리 양 가늠에도 신경 써야 한다. 그러나 더 이상 일회용품을 배출하지 않는다는 안도감과 생리기간을 이전보다 편안하게 보낼 수 있는 것만으로 수고로움은 상쇄되고도 남는다. 아무래도 불안하다면 수면용 위생팬티 한 장부터 도전해보기를 추천한다.

일회용이지만 생분해되는 뉴코셋 생리대와 싸이클린 생리팬티.

흡수층 내장된 위생팬티 궁금증 해결하기

Q 두꺼워서 옷밖으로 티가 나지 않을까?
A 일반 팬티보다 아주 약간 도톰한 정도라 그다지 티가 나지 않는다. 하지만 운동할 때 레깅스 같은 하의를 입으면 팬티라인이 드러나는 건 어쩔 수 없어서 생리기간에는 레깅스를 입지 않는다.

Q 정말 안 샐까?
A 일회용 패드에도 생리 양에 따라 여러 종류가 있듯 위생팬티도 그렇다. 평균적인 양의 경우 5~8시간 착용 가능하다고 하는데, 제때 갈아입거나 교체용 라이너를 탈착하며 사용했더니 지금까지 다행히 샌 적이 없다.

Q 한 주기에 필요한 분량은?
A 보통 한 주기에 6~9장 정도를 쓴다고 한다. 나는 팬티 7장에 교체용 라이너 2개로 한 주기 동안 충분히 쓴다. 생리 전후로는 소형 면생리대를 사용 중이라 일회용 쓸 일은 전혀 없다. 지인 중에는 생리컵을 극찬하는 경우도 있어 면생리대, 위생팬티, 생리컵 중 맞는 방식을 찾는 과정이 필요하다.

미세플라스틱 배출을 줄이는
세탁과 청소법

○ 친환경 세제를 고르고 사용한다

집에서 쓰고 있는 치약, 바디스크럽과 바디워시, 섬유유연제에 알갱이가 있다면 뒤쪽 전성분을 확인하자. 폴리에틸렌(PE), 폴리프로필렌(PP), 폴리에틸렌 테레프타레이트(PET), 폴리메타크릴산 메틸(PMMA), 나일론(Nylon) 중 하나라도 쓰여 있다면 알갱이를 물에 녹여본다. 녹지 않고 알갱이가 그대로 남는다면 높은 확률로 미세플라스틱의 일종인 마이크로비즈다. (눈에 보이지 않는 경우도 있고, 호두껍질과 살구씨 가루를 넣는 경우도 있으므로 정확한 것은 제조사의 확인이 필요하다.) 미국, 영국, 뉴질랜드에 이어 한국 정부도 마이크로비즈가 포함된 세제류의 제조나 수입을 법으로 규제하지만(2021년 1월 1일자) 유예된 종류도 있어 성분을 확실하게 체크하고 사용하려고 한다. 죽음의 알갱이로 온몸을 씻는 줄 여태 몰랐던 것처럼 또 모르는 새 잔뜩 배출하고 싶지 않아서.

자연에서 생분해되는 친환경 세탁세제, 불필요한 색소와 첨가제, 동물실험 없이 만든 EWG 그린등급의 저자극성 중성세제를 사용하고 있다. 우리나라는 아직 세제 등 생활화학용품의 전성분 공개가 의무가 아니므로 전성분이 공개된 제품 중 성분이 좋은 것을 택한다. 섬유유연제도 마찬가지인데, 웬만하면 그냥 생략하고, 성분 괜찮은 제품을 쓰거나 천연세정제이면서 섬유유연 효과가 있는 소프넛을 쓴다.

꾸준히 애용하는 소프넛은 '비누(soap)+열매(nut)'라는 뜻으로 히말라야 지역에서 자생하는 솝베리 나무의 열매라 화학물질에서 자유로운 완벽한 천연세제다. 물과 만나면 과피에 함유된 사포닌류 천연계면활성 성분이 풍부하게 녹아 나와 세정력을 갖췄음은 물론, 사포닌 자체의 약산성 성분이 섬유의 색과 구조를 보존하고, 때를 분리해낸 후에도 섬유를 부드럽게 유지해주어 별도의 섬유유연제가 필요없다. 뿐만 아니라 5~8번 정도 재사용이 가능해 경제적이고, 사용한 뒤에는 퇴비로 쓸 수 있다. 처음부터 끝까지 무해한 이 열매를 앞으로도 꾸준히 사용할 것 같다.

사용법은 간단하다. 세탁물 10Kg 기준으로 소프넛 열매 8~12알을 세탁물과 함께 세탁조에 넣고 돌리면 된다. 잘게 깨져버리면 빨래에서 분리하기 어려우므로, 면보나 면주머니 혹은 세탁망에 넣어서 돌리면 편하다. 경험하기로는 수건과 속옷을 빨래할 때 넣으면 표백효과도 과탄산소다보다 좋았다. 세탁할 옷이 더럽거나 냄새가 나는 경우엔 소프넛을 평소보다 많이 넣고 조금 높은 온도의 물로 세탁하면 말끔해진다. 세탁 직후 바로 꺼내지 않으면 소프넛 열매가 빨랫감에 물들 수 있으므로 곧장 분리해야 하고, 이미 물이 들었어도 물로 살짝 헹구어주면 괜찮아진다.

쓸수록 신기하고 유용한 소프넛.

세탁기에 넣을 땐 깨진 조각이
새지 않도록 꽁꽁 묶어준다.

주방세제로 쓸 때는 물 1ℓ에 소프넛 15알을 넣고 20분간 불렸다가 20~30분 끓인다. 식혀서 공병에 담아두고 설거지할 때 쓰면 일반 세제만큼 거품이 나진 않아도 보글보글 거품과 함께 기름기가 잘 닦인다. 물론 과일과 채소를 씻을 때 써도 되고, 바디워시나 애견 샴푸로 써도 된다.

피부에 가장 가깝게 닿는 속옷은 EM발효세탁비누로 손빨래를 하고 있다. 나를 위한 부지런함이어서 그런지 깨끗하게 빨아 널고 나면 하루를 잘 마무리한 것 같은 기분이 든다. EM(Effective Micro-Organisms)은 유산균, 광합성세균, 효모균 등 유용한 미생물군으로 빨래 속 진드기, 곰팡이 제거뿐 아니라 수질환경 개선에도 탁월하다. EM용액은 기존 세제 사용량 절반과 함께 너댓 숟가락 넣으면 세제 사용은 줄면서 빨래가 깨끗하게 되고, 섬유유연제 대신 네 숟가락 넣으면 건조 후에도 옷이 부드럽다. 심지어 하수구에 버리면 소독되고, 100배 희석시켜 화분에 뿌려주면 식물이 건강해지는 만능 천연세정제다. 구입해도 저렴하고 구청이나 주민센터에서 무료로 나눠주기도 한다.

구석구석 물걸레질을 하거나 룸스프레이, 요가매트 클리너가 필요할 때는 살균 효과가 있는 편백수를 활용하고 있다. 특유의 향은 잎편백수가 더 강한데, 상대적으로 향은 은은하고 항균, 탈취효과가 강한 심재편백수를 쓴다. 정제수를 잔뜩 섞은 게 아니라 편백수 100%인지 확인하고 구입해야 한다.

○ 낮은 온도에서 짧은 시간 세탁하고 자연건조한다

얼마 전 영국의 한 연구팀이 세탁기를 사용할 때 물 온도와 가동시간에 따라 미세섬유 배출량과 색의 변화가 어떻게 나타나는지 비교 실험한 결과를 학술지에 게재했다. 합성섬유를 빨 때 나오는 미세섬유는 미세플라스틱의 일종으로 세계자연보전연맹(IUCN)에 따르면 해양에 유입되는 미세플라스틱의 35%를 세탁 폐수 속 미세섬유가 차지한다고 한다.

연구 결과에서는 표준 코스로 돌리는 것보다 물 온도를 낮게, 시간을 짧게 설정했을 때 미세섬유 방출량이 절반으로 줄고, 염료 방출량은 최대 74% 줄어들며, 에너지 절약 효과까지 증명됐다. 앞으로 합성섬유로 만들어진 옷을 사지 않는다고 해도 이미 갖고 있는 것까지 버릴 수는 없어서, 되도록 깨끗하게 입어 세탁 횟수를 줄이고, 찬물에서 짧은 시간 세탁하려 노력 중이다.

다른 가전에 비해 많지 않은 양이더라도 건조기 사용은 당연히 온실가스를 발생시킨다. 있으면 편하긴 하겠지만 냉장고나 세탁기에 비해 일상에 없으면 안 되는 정도는 아니라고 생각해 마련하지 않고 빨래건조대를 애용하고 있다. 겨울에 작은 빨랫감을 침실에 널어두면 가습효과도 있고, 무엇보다 내게는 건조대에서 햇볕 아래 쨍쨍하게 마른 빨래를 보는 것이 분명한 소확행이다.

(오늘의 소독)

천연제품을 쓰다 보면 '뭔가 강한 게 필요하다'는 욕구가 생긴다. 그럴 때는 락스 대신 약국에서 파는 소독용 에탄올을 적극 활용한다. 일반적인 살균이 필요할 때는 에탄올 30%, 정제수 69%, 유칼립투스오일 1%을 혼합해 식탁, 싱크대, 냉장고 등에 분무 후 자연건조시키거나 마른 행주로 닦아낸다. 간단한 기름때와 물비린내를 제거하는 데 효과적이다. 강력한 소독이 필요할 때는 에탄올 비율을 높이거나 에탄올만 사용한다. 마른 헝겊에 뿌려 스마트폰이나 키보드처럼 자주 손으로 만지는 물건을 닦아내고, 손톱깎이와 핀셋 같은 작은 용품에도 뿌린다. 에탄올 80%, 글리세린 20%를 섞으면 적절히 보습효과가 있는 손세정제가 완성된다.

휘발성이 있으므로 불 가까이에서 사용은 금물이고, 분무기에 넣고 쏠 때는 에탄올을 기화 상태로 들이마시지 않도록 멀리 떨어져서 뿌리거나 가능하면 마스크 착용 후 사용하는 것이 좋다.

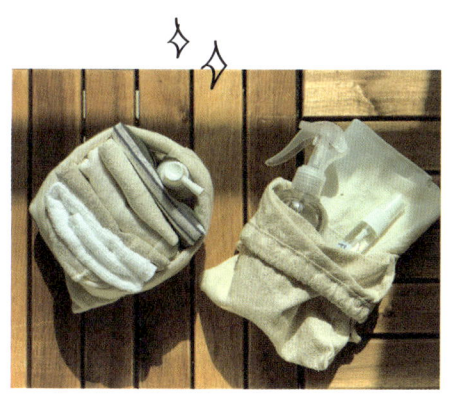

11

코덕도 할 수 있다, 노케미족

화장품 리뷰 블로그를 운영할 정도의 코스메틱덕후였던 만큼 아무리 환경을 위하더라도 화장품만은 포기하지 못할 거라고 생각했지만, 가장 먼저 고민하고 변화에 성공한 것이 화장품이었다. 좋아하는 만큼 건강한 걸로 쓰고 싶었고, 아로마 테라피라는 만족스러운 대안을 찾은 덕분이다.

우선 망설임 없이 바꾼 것은 선크림. 2018년 하와이는 세계 최초로 산호초와 해양생물을 보호하기 위해 유해 화학성분이 들어간 자외선차단제 판매와 유통을 금지한 법안인 '선크림 금지법'을 통과시켰다.(2021년 발효) 우리가 흔히 쓰는 유기자차 선크림 속에는 옥시벤존(Oxybenzone)과 옥티노세이트(Octinoxate) 성분이 들어 있는데, 수많은 사람들이 그 선크림을 바르고 푸른 바다에 뛰어든 결과 산호의 백화현상을 유발했기 때문이다. 백화현상은 산호의 세포조직 속에 사는 조류가 떠나며 산호가 하얗게 변하는 현상으로, 이

것이 지속되며 산호가 죽었고, 산호가 죽어 해양 생태계가 무너지고 있다. 원래 백화현상의 주원인은 수온 상승이었는데, 선크림도 백화현상을 유발한다니 내 얼굴에 바르기도 찜찜한 기분이 들었다.

미국 한 조사에서는 시판 선크림 70%에 옥시벤존과 옥티노세이트가 포함된 것으로 나타났다. 용량만 지키면 인체에는 해롭지 않아 립스틱이나 마스카라, 샴푸 등에도 들어간다. 그런데 피할 수도 없이 인간과 같은 바닷물을 공유해야 했던 바다 생물들에게는 달랐던 거다.

이런 사실을 알게 된 뒤 얼굴이 하얗게 뜨는 백탁현상이 없어 선호하던 유기자차 대신 약간 백탁현상이 있을 수 있어도 광물에서 추출한 무기물질을 이용해 자외선을 튕겨내고 산란시켜 차단하는 무기자차로 갈아 타기로 했다.

무기자차 선크림을 고를 때는 옥시벤존프리, 옥티노세이트프리는 당연하고 논나노(Non-Nano)를 확인해야 한다. 입자가 커서 백탁이 심하다는 단점이 있지만 산호 걱정 없이 쓸 수 있다. 이래저래 복잡할 때는 가벼운 산책을 나서며 무기자차 선크림조차 없이 선글라스와 모자로 자외선을 차단하곤 한다.

자연에서 온 향을 사랑하게 됐다

색조화장은 뚜렷한 대체재 없이 거의 줄였고, 가끔 쓰는 비비크림과 아이브로우펜슬, 립스틱은 일반 화장품을 이용하고 있다. 아직까지 친환경 브랜드의 색조화장품이 기존 제품들만큼의 발색과 지속력을 보여주지 못하고 있어서다. 비건 립스틱을 사용해본 적이 있는데, 발색은 좋았으나 아쉽게도 지속력이 많이 약해서 더 이상 구입하지 않았다.

실은 색조보다도, 얼마 지나지 않아 향에 대한 갈증이 일었다. 인공향료는 대부분 성분이 좋지 않아서인지 착한 성분 화장품만 쓰면 향이 무척 약했기 때문이다. 좋은 향과 함께하는 삶을 위해 전문 아로마테라피스트의 수업을 찾아갔다. 그리고 내게 필요한 제품들을 아로마 오일과 자연유래 성분으로 만들어 나가기 시작했다.

아로마 테라피(aroma therapy)는 향기가 나는 식물의 꽃, 열매, 잎, 줄기, 뿌리 등에서 추출한 휘발성정유, 즉 에센셜 오일을 이용하여 몸과 마음을 건강하게 하고 우리 몸 안에 있는 자가면역력을 증강시키는 자연 치료법의 일종이다. 기존 향료에 너무 익숙했는지 처음엔 아로마 오일 향이 기대만큼 향기롭지 않았으나 만들어 쓴 기간이 길어질수록 낯선 향도 훨씬 더 다채롭고 깊이 있게 느낄 수 있었다. 처음엔 샴푸와 로션, 세럼, 수분크림, 여성청결제까지도 만들어 썼지만 바쁜 일상에서 매번 그렇게 모든 제품을 만들어 쓴다는 것은 어려운 일이었다. 다행히 최근 몇 년 사이 환경을 생각하는 브랜드들이 많이 생겨나고 있어서 지금은 직접 만들기 번거롭거나 만족도가 낮은 것들은 제조방식도, 용기도, 성분도 착한 제품을 찾아서 사용하는 편이다.

노케미만이 정답은 아니다

　나도 완벽한 노케미족(화학성분을 쓰지 않는 사람들)은 아니고, 자연성분이 무조건 환경과 건강에 좋다고 맹신할 수는 없다. 자연이 주재료인 아로마 에센셜 오일도 어찌 됐든 여러 화학적인 방법을 통해 오일을 추출해낸 것이다. 또 자연이 가진 성질이 모두에게 같은 효과를 낼 수는 없으므로 누군가에게 약인 것이 누군가에게는 면역력이나 알레르기 반응에 따라 독이 될 수도 있다.

　반대로 모든 화학성분이 위험하다고 볼 수도 없다. 우리 생활에 자주 쓰는 화학성분 중에는 인체에 무해하다는 연구 결과 아래 첨가되는 것도 많으니까. 다만 화학성분을 최대한 피하는 이유는 인간에게 안전하더라도 선크림이 그랬듯 다른 생명체에겐 치명적일 수 있고, 안전함을 증명하는 과정에서 동물들이 희생당하기도 하기 때문이다.

　덮어두고 좋거나 나쁘다고 믿지 말고, 이 제품이 내게 오기까지 어떤 경로를 통했는지, 그 과정에서 환경에 어떤 영향을 미쳤는지 생각해보고, 또 자연성분의 제품들을 쓸 때는 스스로의 몸 상태를 체크하고 잘 맞는지 판단하자.

> 오늘의 힐링

좋아하는 향과 내게 잘 맞는 성분을 넣어 당분간 쓸 화장품을 만들고 나면 뿌듯함이 몰려온다. 근본적으로 건강한 생활습관에 대한 만족감이다. 평생 무언가를 소비하며 사는 우리가 바쁜 현대사회에서 100% 자급자족하기란 아마 불가능에 가까울 것이다. 그리하여 우리는 일상에서 매일 사용하는 생활용품을 통해서 경피독(피부로 흡수되는 생활용품 유해독소)에 노출되어 있고 또 몸속에 조금씩 쌓이고 있다. 동시에 똑똑한 우리 몸은 호흡과 땀, 배변활동을 통해서 해독을 한다. 최대한 화학제품을 멀리하는 노력도 해야 하지만, 해독을 잘하려면 운동을 통해 땀을 흘리고, 깊게 호흡하고, 원활한 배변활동을 위해 건강하고 식이섬유가 풍부한 식사를 하는 것이 세상에서 제일 중요하다.

완벽함보다 중요한 것

친환경을 실천하기 시작하면서 그렇지 않은 사람들을 보면 한동안 마음이 불편했다. 강요한 것도 아니고 나 혼자 실천했을 뿐인데 유난스럽다는 뉘앙스의 눈빛과 말이 되돌아올 땐 굳이 표현하지 않았지만 분노하기도 했다. 그 대상은 모르는 사람이기도 했고, 나의 가족이기도 했다. 비닐 봉투 하나를 꺼내써도 죄책감이 들고, 택배 배송으로 인한 포장을 줄이려고 멀리서부터 짐을 집까지 이고 지고 오는데, '편하니까', '일회용품이 더 위생적이니까', '이런 혜택을 못 누리는 게 더 바보 같은 것 아냐?'라고 말하며 아무렇지 않게 쓰고 버리는 사람들을 보면 억울한 마음이 차올랐다.

게다가 일상의 중심에 친환경을 두다 보니 무엇을 하나 사거나 먹을 때마다 자기 검열 때문에 스트레스가 쌓였다. 꼭 먹고 싶은 음식이 개별 비닐 포장되어 있거나, 깜빡하고 텀블러를 두고 나왔는데 목이 말라 일회용컵에 테이크아웃한 음료를 마셔야 했던 날엔 기분이 영 찝찝했다. 최근 외곽으로 이사하면서 부득이하게 자가용을 사야 했을 때는 집 근처에 전기충전소가 없고 가격 차이도 커서 전기차가 아닌 가솔린 자동차를 샀다. 이게 최선이라는 걸 알면서도 불편한 마음은 차곡차곡 쌓이고 있었다.

모든 일이 그러하듯 기대치가 높으면 어렵고 피곤하다. 공부도, 다이어트도, 어떤 습관을 만드는 것도 처음부터 완벽함을 추구한다면 금세 좌절하기 마련이다. 삶에 너무 많은 제동이 걸리는 경험을 하며 어느 순간 에코 라이프와 욕망 사이 밸런스를 맞추게 됐다. 과감하게 포기하는 것도 있어야 더 큰 실천을 평생 지속할 수 있을 것 같았기 때문이다. 천연세제만을 사용하다 보니 도저히 제거되지 않는 곰팡이가 있어서 가끔 강력한 세정제를 쓰기로 했고, 평소 물을 아끼려고 빠른 샤워를 했지만 처음 갖게 된 욕조에서 너무 하고 싶었던 반신욕은 일주일에 한 번쯤 한다.

　타인에 대한 시선도 편안하게 하기로 했다. 나를 포함한 모든 사람은 불완전하고, 마음먹은 다음 날 갑자기 친환경 100% 인간이 되는 것도 아니다. 대신 몰라서 바꾸지 못하는 사람들이 그 실천의 범위를 확장시키는 데 도움이 될 수 있도록 새로 알게 된 정보를 SNS에 올리곤 한다. 예를 들어 고체 샴푸바와 생리팬티, 대나무 칫솔, 브리타 정수기를 사용하게 된 이야기를 보고 주변 사람들은 이런 방법이 있었냐는 놀라움과 실천해보겠다는 의지를 보여줬다. 이렇게 확장되는 움직임이야말로 이 책을 쓰는 이유일 것이다. 나의 방법만 내세우진 않지만 누군가 관심을 갖고 물어오면 열심히 답변하겠다고 마음먹으니 사람들 사이에서도 편안해졌다.

　하루이틀 해보고 마는 실천이 아니기에, 환경을 위한다고 하는 일들이 여러 뒷면을 가지고 있음을 알고 더 나은 방법을 찾아가는 것은 여전히 필요하다. 그리고 같은 가치관과 관심사를 가진 사람들과 대화하자. 그것이 친환경 라이프에 끊임없는 활력을 불어넣을 것이다.

Chapter 2

환경 감수성을
키우는 나날

우리에겐
몇 년의 시간이 남았을까

몸살 기운으로 뒤척이던 어느 겨울밤, 새벽 수련은 포기하고 늦게까지 침대에 누워 있었다. 스마트폰을 보다가 심장이 덜컥 내려앉는 기사가 눈에 들어왔다. 제목은 〈호주 산불, 서울 100배 '잿더미'…핏빛 하늘, "멸종의 물결 시작됐다"〉. "호주 남동부 해안을 중심으로 다섯 달째 지속된 산불로 서울 면적의 약 100배인 600만ha가 잿더미로 변했다"로 시작하는 이 기사에서 가장 뇌리에 남은 것은 이 문장이었다.

"온실가스로 '멸종의 물결'이 시작될 것이라고 경고해온 기후학자들은 이번 산불이 재앙의 시초가 될 것이라고 경고했다."

뒤이어 눈에 들어온 건 털이 그을린 채 겨우 살아남은 코알라. 순식간에 생활 터전을 잃은 사람과 동물들. 두 달 전 홍수로 고생하던 이탈리아 베네치아는 곤돌라가 다니기 어려울 정도로 물이 말랐고, 제주도는 기상관측 이래 겨울 최고 기온을 기록했다는 기사도 이어졌다. 제주로 여행 간 친구가 1월에 왜 유채꽃이 폈냐며 올린 인증샷도 보였다.

　기후 문제가 더 이상 남 일이 아니며 가속화되고 있다고 전 세계 곳곳이 외치고 있는 것 같다. 사실 걱정이 더 깊어진 건 옆에 있던 친구의 '이건 나랑 먼 일'이라는 무심한 반응 탓이었다. 슬픔과 조바심이 동시에 찾아왔다. 어떻게 해야 지구의 신음이 반대편이 아니라 우리 귓가에 울리고 있다는 걸 알려줄까, 어떻게 해야 정부-기업-시민이 같이 크게 바뀌어야 한다는 걸 납득시킬까, 어떻게 해야 우리는 힘을 모을 수 있을까.

기후변화가 아니라 기후위기

　2020년대에 접어들고 보니 어린 시절 상상했던 과학의 발전은 정말로 거의 이뤄졌다. 로봇이나 기계가 사람이 하는 일을 대신해 주는 일이 마법 같다고 생각했는데 손목시계가 생체리듬을 데이터로 수집하고, 자동차가 자율주행하고, 드론이 택배를 배달하는 시대가 왔다.

그러나 안타깝게도 과학적 데이터를 기반으로 몇십 년 전 예측한 기후변화마저도 현실이 됐다. 무서운 점은 사람이 발생시킨 온난화는 지구 스스로의 가속까지 불러일으켰다는 것. "2050년이면 기후변화로 대부분의 인류 문명이 파멸된다. 대부분의 주요 도시는 생존이 불가능해질 것이다." 호주 국립기후보건센터 연구팀이 2019년 내놓은 보고서에서는 이대로 산다면 우리에게 30년이 남았다고 말한다. 핵전쟁 정도의 인류 전체 위기라 '불편함을 조금 감수하는 것'을 넘어서 전시 체제만큼의 변화가 필요하다는 것이다. 30년 후에 갑자기 기후난민이 탄생할 리는 없다. 지금도 기후이상으로 인한 재해는 커지고 있고, 한국에서도 모스크바보다 추웠던 겨울과 폭염으로 아무것도 할 수 없었던 여름을 경험했다. 그리고 전 세계 일상이 정지된 전염병과의 사투까지.

얼마 전 JTBC 〈차이나는 클라스〉에서 환경 이슈를 다루며 "오늘의 기온은 최저 영하 35도, 최고 영상 39도가 되겠습니다"라며 하루 일교차가 무려 70도 이상 차이가 난다는 2040년 날씨예보를 시뮬레이션하는 장면이 있었다. 큰 일교차와 잦은 재해성 기후로 농업은 힘들어지고, 당연히 농작물 가격은 대폭 상승하여 배추 한 포기에 50만 원, 양파 1kg에 45만 원일 것이라는 예측이 뒤를 이었다. 물 부족 등급은 매우 나쁨으로 1일 물 공급량이 가구당 2ℓ이오니, 식수를 먼저 확보하라는 조언도 잊지 않았다.

듣기만 해도 끔찍했다. 그저 나중의 일, 가까워봤자 다음 세대일 거라고 생각했던 문제가 지금 살던 대로 살면 10년 뒤부터 가속화되고, 20년 뒤면 닥칠 일이라니 두려워졌다. 영국 〈가디언〉지는 기후변화(Climate change)를 기후위기(Climate crisis)로, 지구온난화

(Global warming)는 지구가열(Global heating)로 용어를 바꿔 쓰기 시작했다. 2019년 11월, 전 세계 153개국 과학자 1만 1천여 명은 국제 과학학술지 〈바이오 사이언스〉에 "비상사태 수준으로 치달은 기후변화를 멈추기 위해 인류가 긴급 행동에 나서지 않으면 파멸적인 재앙이 닥칠 수 있다"는 경고와 함께 공동성명을 발표했고, 같은 달 유럽연합은 기후 비상사태를 선언했다.

   2020년 1월, 겨울 한복판에서 낮 온도가 17도까지 오르는 등 따뜻한 겨울을 보내고 있다. 아무것도 몰랐다면 덜 춥다고 좋아했을 오늘, 뉴스를 켜기가 무섭다.

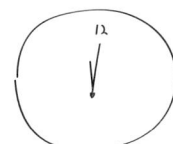

단 하나의 미션,
탄소 발자국 줄이기

　1만 년 동안 지구가 빙하기와 간빙기를 겪는 동안 평균 온도 차이는 4~5도. 그런데 인간은 산업혁명 이후 고작 100년 동안 평균 온도 1도를 끌어올리고 말았다. 2018년 유엔 기후변화에관한정부간협의체(IPCC)는 〈지구온난화 1.5도 특별보고서〉를 채택하면서 전 인류가 산업화 이전 대비 지구 기온 상승을 1.5도 이내로 억제해야 생존이 힘들 정도의 기후위기를 피할 수 있다고 결론지었다. 그러려면 2030년까지 탄소 배출량을 2010년 대비 45% 줄이고, 2050년까지는 실질적 탄소 증가가 없는 제로 배출을 달성해야 한다는 것이다.

　이제 0.5도 남았고, 기후학자들이 지구가열 가속화를 경고하는 상황에서 우리는 무엇을 해야 할까. 예전부터 지구온난화나 온실가스에 대해 들었어도 너무 커다란 일이라 실감은 안 나지만, 한국이 지구를 뜨겁게 하는 주범인 온실가스 배출량 전 세계 7위라는 불명예를 생각하면 바꿀 것이 얼마나 많은 건가 싶다.

　온실가스는 대기를 구성하는 기체 중 지구를 뜨겁게 하는 온실효과의 원인이 되는 가스를 말한다. 대표적으로 이산화탄소, 메탄, 아산화질소 등이 있고, 온실가스를 (이산화)탄소 환산량으로 측정하기도 한다. 개인이나 기업이 일상에서 이용하는 전기, 연료, 용품 등을 모두 포함해 직간접적으로 발생시키는 온실가스의 총량을 '탄소 발자국(Carbon Footprint)'이라고 말한다.

지구온난화는 수많은 자연 현상 중 기후변화에 속하지만, 이상 기후는 빙하를 녹게 하고, 가뭄, 산불, 홍수, 태풍 등 자연재해로 우리 삶에 직접적인 피해를 입힌다. 이것은 물자 부족으로 인한 물가 상승, 바이러스로 인한 전염병, 빈민국의 기근, 내전까지 이어진다. 그러니 북극곰 살리기가 아니라 인간(과 동물과 식물을 포함한 지구 전체) 살리기라고 해도 과언이 아니다. 그리고, 개발보다 보존이 더 시급한 생존 방법이라고 이야기하는 과학자들이 제안하는 강력한 대응법은 '탄소 발자국 줄이기'다.

오늘의 놀라움

정말 놀랍게도, 그리고 슬프게도 눈에 보이는 쓰레기가 남지 않아 청정 산업일 것만 같은 인터넷 관련 산업은 무섭게 급상승한 탄소 배출 원인이다. 우리가 인터넷 세상을 돌아다닐 때 초당 *20mg*의 탄소를 배출하고 있다고 한다. (영상 스트리밍은 그보다 더 많은 양을 배출한다.) 대형 플랫폼 등 전 세계 데이터 센터 운영과 첨단 통신 인프라 장비의 냉각장치 가동 등으로 배출되는 온실가스는 전체 항공 산업의 그것과 비슷하다. 더 큰 문제는 인터넷 관련 산업의 탄소 배출량은 가속화되고 있는데, 사람들의 인식은 부족하고, 단순 공장 가동에 비해 투명한 감독이 쉽지 않다는 점이다.

비건 포틀럭 파티에서 생긴 일

어릴 때부터 집에 좋은 일이 있으면 가족들은 다 같이 고깃집에 가서 돼지갈비를 먹었다. 몸이 아프면 엄마는 보신을 위해 오리고기와 닭백숙을 해주셨다. 영양소를 골고루 섭취하기 위해서 매 식사에 고기가 있는 식단을 먹어야 한다고 믿어왔다. 성악을 시작한 뒤에는 그 이상이었다. 연주나 실기시험이 있을 때는 전날부터 매 끼니를 기름진 육식으로 채웠다. 성악하는 친구들 사이에는 고기에 있는 지방을 먹어야 소리가 힘있게 나온다는 속설이 있었기 때문이다. 성악을 그만두고도 채식을 생각해본 적은 없었다. 예전에는 채식 하면 살을 빼기 위한 식이조절이라는 인식이 많았는데, 다이어트를 할 때도 고기를 포기하는 건 엄두도 나지 않았다.

요가를 시작하면서 몸의 감각들이 예민해진 탓인지, 내가 먹은 게 다음 날 컨디션에 영향을 미친다는 느낌을 자주 받았다. 특히 새벽 요가를 할 때는 전날 마지막 끼니가 그대로 느껴졌다. 일단 삼겹살을 잔뜩 구워 먹고 자면 침대에서 일어나는 것 자체가 너무 피로하고 힘겨웠고, 그날의 수련은 몸이 무거워 유난히 힘들고 답답했다. 내가 흘리는 땀의 냄새가 유난히 지독한 날도 종종 있었다. 그렇게 느낀 지 한 달쯤? 가공된 밀가루나 고기를 먹으면 속이 더부룩하다 못해 아리는 증상이 나타났다. 체질 개선이나 디톡스 같은 것이 필요하겠다 싶어 일주일간의 절식, 또 일주일간의 보식을 해봤다. 2주 동안 먹은 음식이 평소 하루 이틀이면 먹어 치울 양이었으니 굉장한 소식을 한 거다. 한 끼라도 거르면 몸에 힘이 없어 큰일 나는 줄 알았는데, 그 기간에 나는 평소처럼 일했고 아침 해가 뜨면 개운하게 알람도 없이 일어날 수 있었다. 게다가 속이 가벼우니 몸이 처지지 않고 활기가 돌았다. 힘의 원천이라고 믿었던 고기를 한 입도 먹지 않았는데도 말이다. 어쩌면 내가 평소에 필요 이상의 음식을 먹으며 살아왔을 수도 있겠다는 생각을 태어나 처음으로 했다.

폭력이 적게 가해진 음식을 먹어보자

어쩌면 당신은 내가 그랬듯이 채식 위주의 식단으로 바꾸는 것이 좋겠다고 느낄지도 모릅니다. 내게 채식이나 순수 채식(비건)을 해야 한다고 말한 사람은 아무도 없었고, 나 역시 당신에게 이 길을 따라야 한다고 말하는 것이 아닙니다. 나는 수련을 하면서 자연스럽게 내가 먹는 음식이 건전한지 여부에 의문을 품게 되었습니다. 그리고 상업적인 대규모 축산업이 과연 윤리적인지, 또 환경에는 어떤 영향을 미치는지를 다룬 책들을 읽게 되었습니다. 나는 동물들과 지구에 대한 강한 연민을 느꼈고, 채식 위주의 식단으로 바꾸는 것이 내게 좋은 선택이라고 판단했습니다.(…)

아힘사(비폭력) 식단을 고려해 보세요. 자신이 어떤 음식을 선택하는지, 그리고 이런 선택이 세상에 어떤 영향을 미치는지를 주의 깊게 살펴보세요. 만일 자신이 고기를 먹는 사람이라면, 자신이 먹는 고기가 어떤 동물의 것인지, 그 동물이 어떤 과정을 거쳐 그 음식 속의 고기가 되었을지 생각해 보세요. 자신이 채식을 하는 사람이라면, 유제품과 같은 동물성 식품이 정말 윤리적인 생산 과정을 거친 것인지 생각해 보세요. 자신이 순수 채식을 하는 사람이라면, 자신이 먹는 음식을 만드는 생산 수단과 농업 과정에 대해 생각해 보세요. 하루에 한 끼만이라도 세상에 대한 폭력이 가장 적게 가해진 음식으로 식단을 짜보세요.

《요가 수업》, 키노 맥그레거, 침묵의향기(2019)

    앞서 얘기한 것처럼 환경에 대한 관심을 기울이기 시작한 건 요가철학을 공부하면서부터였다. 비폭력을 고민하면서 동물에게 폭력을 가하지 않겠다고 동물실험반대 화장품을 쓰기 시작했으면서도 그 인식이 음식으로까지 확장되지 않았던 것은 아마도 태어날 때부터 고기를 단순히 음식으로만 생각했던 탓이라는 걸 깨달았다. 반려견과 함께 살고 있어서 개고기가 싫은데, 소고기는 맛있겠는 이상한 마음. 생각 정리가 되기 전에 몸에서 먼저 고민스러운 음식을 거부하는 반응이 일어났던 거 같다.

    그 무렵 운명처럼 내가 운영하는 커뮤니티 '나투라 프로젝트'에서 참가자의 추천으로 '비건 포틀럭 파티'를 주최하게 되었다. 비건에 대한 본격적인 관심은 그때부터 시작되었다. 이런 게 비건들의 식사라면 무리 없이 할 수 있을 것 같았기 때문이다.

비건 포틀럭 파티의 음식은 예상보다 화려하고 맛있었다.

마음 편한 식사를 하는 즐거움.

호스트인 나는 우유와 달걀, 버터와 같은 동물성 재료를 사용하지 않은 비건스콘을 준비하고 두근거리는 마음으로 손님들을 기다렸다. 파티에는 서른 명 남짓한 사람들이 음식을 준비해왔고, 대부분은 나처럼 비건에 관심이 있는 (하지만 육식도 하고 있는) 사람들이었지만 흔치 않은 행사여서 그런지 다양한 이유로 비건을 실천 중인 분들도 참석했다. 태어날 때부터 고기가 싫었던 사람, 건강과 영성을 위해 비건이 된 사람, 우리나라에 비건 문화를 알리는 20년차 비건, 동물권 보호를 위해 비윤리적 도살행위에 매일 맞서 싸우는 비건 등. 여러 명이 모인 만큼 음식도 다양해서 '비건 음식=샐러드 같은 거=건강하지만 맛없음'에 대한 편견이 완벽하게 깨지는 날이었다.

'이제부터 비건이 될래'라는 결심은 무언가를 못 먹게 되고 참아야 한다는 생각이 들어서 시작하기가 어렵다. 다이어트할 때 바삭한 튀김과 달콤한 케이크를 억지로 참아야 하는 것처럼. 생각을 조금 바꿔서 평소와 같은 식사를 하는데 내가 마음 편하고 맛있게 먹을 수 있는 식재료(두부와 채소)를 더하고, 부담스러운 식재료(육류)를 덜어낸다고 생각했더니 매 식사가 편했다. 그렇게 비건 지향 라이프가 시작됐다.

비건 지향인이 된다는 것은

　채식에는 여러 종류가 있고 크게 베지테리언과 세미 베지테리언으로 나눌 수 있다. 베지테리언은 육류와 해산물을 먹지 않는 그룹으로, 유제품과 꿀은 먹는 락토(Lacto), 달걀은 먹지만 유제품은 먹지 않는 오보(Ovo), 달걀과 유제품까지는 먹는 락토오보(Lacto ovo)가 있다. 우리가 채식주의자를 말할 때 자주 쓰는 비건(Vegan)은 육류, 해산물은 물론 달걀, 유제품, 꿀 등 동물에게서 얻은 식품은 모두 지양하는 엄격한 채식주의자를 뜻한다. 땅에 떨어진 열매만을 먹는 극단적 채식주의자인 프룻테리언(Fruitarian)도 있다.

　세미 베지테리언에는 육식은 하지 않지만 해산물과 달걀, 유제품을 먹는 페스코 베지테리언(Pesco vegetarian), 소고기나 돼지고기 등 적색 육류는 먹지 않지만 닭고기 같은 가금류, 해산물, 달걀, 유제품을 먹는 폴로(Pollo vegetarian), 채식을 지향하지만 경우에 따라서 가끔 육류도 섭취하는 플렉시테리언(Flexitarian)이 있다.

해외에서 '고기 없는 월요일(Meatless Monday)' 운동이 번졌던 것처럼 나도 주 1회 채식부터 시작해 점차 채식만 하는 날을 늘려갔다. 그렇게 평소에는 채식 위주 식단을 철저하게 지키지만 가족 행사나 지인과의 약속처럼 내가 메뉴를 선택하기 어려운 자리에서는 육류나 해산물도 소량 먹고 있어서 엄밀히 말하면 플렉시테리언으로 살아가고 있다. 최근에는 육류 섭취할 일이 일주일에 한 끼 이내로 생기는 것 같다.

처음에는 채식한 다음 날이면 먹고 싶은 게 잔뜩 생각나곤 했다. 그러다 점차 채식식단에 빠지면서 건강하고, 죄책감 없는 음식들을 찾아다니게 됐다. 이렇게 빨리 고기가 그다지 먹고 싶지 않아질 거라곤 나도 상상해본 적 없었다. 곳곳의 채식식당에 가보고, 박람회나 마켓도 찾아가고, 여행을 떠날 때는 하루 한 끼 이상 현지 채식 경험을 목표로 했다. 혼자 비건식을 챙겨 먹기 시작했을 때는 콩고기에 반했던 기억도 난다. 예전과는 달리 콩으로 만든 햄버거 패티, 치킨맛 강정, 만두, 피자까지 맛있는 비건푸드가 많아서 비건 요거트, 비건 케이크 등 디저트까지 섭렵하며 즐거운 나날을 보냈다. 채식 지향이 환경 보호에 꼭 필요하다는 걸, 지나친 육식이 지구를 망가트리고 있다는 걸 안 것도 그즈음이었다.

<u>채식이 환경에 도움이 된다고?</u>

육류에 대한 열렬한 선호 덕분에, *600억 마리가 넘는 육지 동물을 사육해야 하고 식량과 목초지를 위해 농지의 거의 절반을 할애해야 한다. 이산화탄소, 아산화질소, 메탄을 포함한 축산 배출은 연간 온실가스 배출량의 18~20%를 차지하는데, 이는 화석연료 다음으로

높은 비중이다. 농업에서 삼림 벌채, 음식물 쓰레기에 이르기까지 다른 모든 식품 관련 배출에 축산까지 추가한다면, 우리가 먹는 음식이야말로 지구온난화의 가장 큰 원인으로 판명될 것이다.

- 《플랜 드로다운》, 폴 호컨, 글항아리사이언스(2019)

육식이 석탄 산업의 뒤를 이은 환경 오염 원인 2위라는 사실은 당혹스러웠다. 지구에 존재하는 척추동물의 수를 세면 사람이 30%를 차지하는데, 사람이 먹기 위해 기르는 가축이 67%를 차지한다. (야생동물은 3% 미만이라고 한다.) 가축은 이산화탄소보다 80배 강력한 메탄가스를 내뿜어 대기를 오염시킨다. 그중에서도 소는 장내세균 때문에 메탄가스를 월등히 많이 내뿜는다. 가축을 기르는 데 드는 물도 어마어마한데, 반대로 그들의 분뇨는 회복되기 어려울 정도로 토양을 오염시킨다. 또, 가축이 먹는 곡물은 전 세계 수확량의 30% 이상을 차지하고, 인간은 이를 저렴하게 공급하기 위해 유전자 변형 식품을 개발했다.

이런 악영향이 알려지며 세계는 지금 비거니즘(Veganism) 열풍이다. 비거니즘은 채식이라는 식문화를 바탕으로 동물성 제품을 먹거나 이용하지 않는 환경친화적 라이프스타일이자 철학으로 자리잡았다. 동물실험이나 모피에 반대함은 물론, 동물에게 폭력적인 동물원에 반대하고 어떤 선택 앞에 놓였을 때 자연과 공존할 수 있는 방향을 택한다. 많은 사람이 '한 명의 완벽한 비건보다 열 명의 비건 지향인이 더 큰 변화를 만든다'는 것을 알고 공존을 위한 비건 라이프를 실행하고 있다.

나 또한 일회용컵 대신 텀블러를 사용하는 것처럼 가벼운 마음으로 환경에 대한 감수성을 가지고 시작한 채식이었다. 그 시간이 길어지자 가족과 지인들은 나를 배려해주기 시작하더니 내게 메뉴 선택권을 주고 맛있는 비건 음식을 접해보고 싶다고 요청했다. 그런 식사 자리에서는 자연스레 환경과 채식이 어떤 관련이 있는지 대화를 나누게 되고, 조금씩 시도해보고 싶다는 목소리도 들려온다.

보라카이 여행에서 돼지를 도살하려고 폭력을 가하며 끌고 가는 장면을 목격한 적이 있다. 기괴한 울음소리와 눈빛이 오랫동안 잊히지 않았다. 그 이전에는 유난스러운 사람이 되고 싶지 않아서 굳이 채식 지향임을 밝히지 않은 적도 많았는데 이후로는 더 자주 얘기한다. 그래야 채식의 이점이 알려지고, 육식이 줄어들고, 고통받는 생명이 줄어들며 지구가 건강해질 테니까.

슬기로운 채식생활

○ 채식은 모두의 몸에 좋을까?

누군가는 오랜 시간 채식을 유지해오며 건강을 되찾았다 이야기하고, 또 누군가는 채식을 하다가 생리불순과 체력저하로 채식을 중단했다고 말한다. 사람마다 몸 상태가 다르므로 장담할 수는 없지만 하루에 한 끼, 일주일에 하루라도 채식을 해보며 내게도 환경에도 좋은 식단을 찾아가는 과정이 필요하다. 나 역시 채식 횟수를 적극적으로 늘려가는 중이지만, 내가 건강해야 한다는 전제하에 몸을 잘 관찰하고 있다. 자연식물식을 몇 주 진행해보았는데 몸이 차고 더부룩한 느낌이 들어 일반식으로 돌아왔고, 마크로비오틱과 같은 채식 기반의 다양한 음식을 접해보고 있다. 여러 방법으로 채식을 시도하다 보니 생각보다 소화기관이 약했다는 것, 찬 음식을 먹으면 컨디션이 좀 떨어진다는 것 등등 이제야 내 몸을 조금 알 것 같다.

○ 건강을 위해 정크비건은 지양하기

　맛있는 비건음식을 접하며 '비건=샐러드'라는 공식에서 벗어나니 비건을 충분히 할 수 있겠다는 자신감이 생겼다. 하지만 외식을 할 때 비건 메뉴를 찾는 게 쉽지만은 않았다. 된장찌개를 먹으려고 해도 차돌된장찌개, 김치찌개를 먹으려고 해도 돼지고기나 참치김치찌개, 볶음밥을 먹어도 햄이 들어가 있고, 토스트 하나를 사먹으려고 해도 베이컨과 계란이 들어 있었다. 지금 생각해보면 꼭 비건 메뉴라고 명시되어 있는 음식을 먹거나 비건식당에 가야 한다고 생각해서 더 어렵다고 느꼈던 것 같고, 아무리 비건음식이 다양하다고 해도 이전에 워낙 무한한 음식들을 먹다가 먹을 수 있는 음식이 제한된다는 생각이 들어 꽤 스트레스받았던 기억이 난다.

　그러다 보니 빵과 떡으로 끼니를 때우고, '비건'이라는 타이틀이 붙은 음식은 이것저것 가리지 않고 많이 먹었다. 어떤 날엔 맥도날드에서 감자튀김만 먹은 적도 있고 두부집에서 파는 콩물만 마신 적도 있다. 처음 채식을 시작하면 적응될 때까지 속이 헛헛한 느낌이 들기 때문에 더 허겁지겁 탄수화물을 먹는 일이 잦았던 것 같다.

　그런 날은 몸은 물론 기분도 썩 좋지 않았다. 영양상으로 좋지 않은 식단, 정크비건을 섭취하는 일이 늘어나자 피부에 트러블이 올라오면서 복부와 허벅지에 살이 붙기 시작했다. 당연한 결과다. 지금도 가끔은 입에서 당기는 비건식을 먹곤 하지만 가급적이면 덜 가공된 신선한 재료를 그대로 먹거나 건강하게 조리해 먹고 있다.

○ 동물한테는 미안하지만 고기 먹는 거 자연스러운 일 아닌가?

　생산하는 양과 방법이 자연스럽지가 않다. 축산업이 얼마나 비정상적인 자원을 잡아먹고 온실가스를 배출해 환경을 파괴하는지는 앞서 이야기했다. 뿐만 아니라 우리나라의 자랑인 김, 굴 등을 양식하는 데 쓰이는 어마어마한 스티로폼 부표 때문에 우리 앞바다는 미세플라스틱 농도가 전 세계에서 두 번째, 세 번째로 높다.

닭은 나중에 스트레스를 받으면 서로 상처 낼까 봐 부리가 잘린 채 A4용지보다 작은 철창에서 알만 낳다 가공육이 되고, 송아지는 육질이 부드러워야 하므로 태어나자마자 좁은 곳에 갇혀 성장촉진제를 맞는다. 소는 어미와 새끼 유대가 강해서 송아지를 뺏긴 어미 소는 하염없이 우는데 이미 새끼에게 줄 젖(우유)을 300일 넘게 뽑힌 상태고 낳았으니 또 우유를 생산하기 위해 임신해야 한다. 그렇게 3년에 세 번 임신을 반복한 암소는 평균 수명 15년 가까이 가보지도 못한 채로 도축된다. 돼지 등 다른 고기도 사정은 마찬가지다. 고기를 끊기 힘든 채식 지향인 중에는 동물이 스트레스받지 않는 환경에서 생산하는 동물복지 식품만 먹는 사람들도 많다. 아직 규모가 너무 작아서 상대적으로 비싼 것은 아쉬운 점이다.

○ 단백질 섭취가 모자라지 않을까?

정크비건을 탈피하고 균형 잡힌 식단을 먹으면서부터는 더 이상 단백질 함유량을 신경 쓰지 않는다. 특히 우리나라처럼 다양하고 품질 좋은 콩이 많이 자라나는 곳에선 걱정이 없다. 존 맥두걸 박사의 책 《어느 채식의사의 고백》에 따르면 콩류뿐 아니라 하루에 섭취하는 곡물과 식물만으로 단백질 1일 필요섭취량은 충분히 채워진다고 한다. 또한 세계적인 운동선수 중에 채식주의자가 많다는 것은 '고기=근력'이 아니라는 것을 반증하는 아주 좋은 예라고 생각한다. 이 부분이 더 궁금하다면 넷플릭스의 〈The Game Changers〉와 〈What the Health〉 시청을 추천한다.

○ 선호하는 채식 메뉴

　콩도 좋아하고 소화가 편한 발효식품도 좋아하다 보니 제일 선호하는 식재료는 '템페'다. 콩을 발표시켜 만든 인도네시아 전통음식으로 전 세계 비건들이 사랑하는 단백질원이다. 다행히 한국에서도 만드는 곳이 있다. 낫또와 두부 사이의 식감으로 독특하지만 특유의 강한 맛은 없어서 어떤 양념과도, 어떤 음식에 넣어도 잘 어울린다.

　두 번째 선호 식재료는 역시 제철나물. 파리에 사는 친구가 제철나물 같은 거 없어서 허브만 잔뜩 샀다는 이야기를 듣고 갑자기 더 고마워졌다. 생으로도 먹지만 오래 보관할 수 있는 건나물도 애용한다. 건호박을 물에 불려, 양파와 함께 팬에 달달 볶아 간장이나 소금 간을 해서 반찬으로 먹기도 하고, 들깻가루를 물에 풀어 뭉근하게 끓여서 죽처럼 먹기도 한다. 채소와 버섯을 듬뿍 넣은 채식카레와 얇게 썰어 부친 템페와 갖가지 나물 밑반찬을 두고 먹는 것이 내겐 최고의 밥상이다.

　더운 여름엔 과일과 코코넛워터를 함께 갈아 만든 스무디에 그래놀라와 견과류, 과일을 듬뿍 올린 스무디볼을 거의 매일 먹는다. 추운 겨울철이면 압착귀리(오트밀)에 두유나 식물성 우유를 넣고 뭉근하게 끓여서 죽으로 먹는다. 채식식단을 하며 마지막까지 놓을 수 없는 음식은 그릭요거트였다. 최근에는 약콩요거트 소이요를 발견하고 만족하며 먹고 있다.

　하루는 양념불고기를 먹고 싶다는 생각이 강하게 올라왔다. 정확하게 말하면 아마 고기보다는 불고기 양념이 당겼던 거 같다. 주변의 추천으로 언리미트라는 브랜드의 곡물고기(대체육)를 구입해서, 간장, 올리고당, 참기름, 다진 파와 마늘을 넣고 불고기를 해먹었다. 패스트푸드 프랜차이즈까지 널리 쓰이는 비욘드미트의 햄버거

구운 템페를 좋아한다.

템페 넣고
만든 김밥.

홈메이드 망고스무디.

비건 마요네즈 넣고
샌드위치 만들어 먹기.

패티 같은 대체육도 맛있어서 깜짝 놀랐는데, 언리미트는 탄소 발자국을 줄일 수 있는 국내산이라 더 반가웠다. 콩고기를 넘어 귀리와 현미, 호두 아몬드 등 국내산 곡물의 재고를 사용해 만든 곡물고기로, 1kg에 19,000원(2020년 5월 기준)이므로 가격도 다른 고기에 비해 부담스럽지 않다.

> 어떤 날의
> 채식 탐방

　다양한 채식식당과 페어에 가보는 것은 채식에 대한 인식을 전환시켜 준다. 낯선 비건 메뉴들을 맛보는 일이 너무 신나고 재밌어서 새로운 동네로 외출할 때나 여행 갔을 때 꼭 로컬 채식식당에 가는 일정을 만든다. 열대과일로 만든 스무디볼, 커리, 수프, 누들, 한식까지. 이렇게 호기심 어린 마음으로 여러 음식을 접하다 보면 심심할 거 같았던 채식에 대한 인식이 어느새 활기차고 건강한 에너지로 바뀌어 있다.

서울 사직동그가게의 두부커리

발리 Yoga Barn Kaffe의 치아시드푸딩

방콕 Broccoli revolution의 드래곤푸르츠보울

치앙마이 The Salad Concept의 레인보우샷

지구와 인류에 바치는
건강 식단

갑자기 채식만 하기는 어렵고, 무슨 음식을 어떤 비율로 먹어야 할지 고민될 때, 환경을 파괴하지 않는 범위에서 지구상 모든 사람이 음식을 충분히 먹을 수 있도록 구성한 〈지구 건강 식단(planetary health diet)〉을 참고하면 어떨까? 하버드 공공보건학과 교수인 월터 윌렛(Walter Willett) 박사와 포츠담 기후연구소와 스톡홀름 복원력 센터의 요한 록스트룀(Johan Rockström) 박사를 주축으로 16개국 37인의 과학자, 의사들은 공동 연구 끝에 사람에게 건강하고, 식량 불평등 문제를 해결하며, 환경에 미치는 영향을 최소화하는 식단을 발표했다. 농업과 축산업, 기후변화와 환경오염, 야생동물 멸종 등을 종합적으로 고려한 결과라고 한다. 땅에서 나는 것의 섭취를 늘리고, 육류나 설탕 등은 절반 이하로 줄일 것을 제안하고 있어 플렉시테리언의 식단에 가깝다.

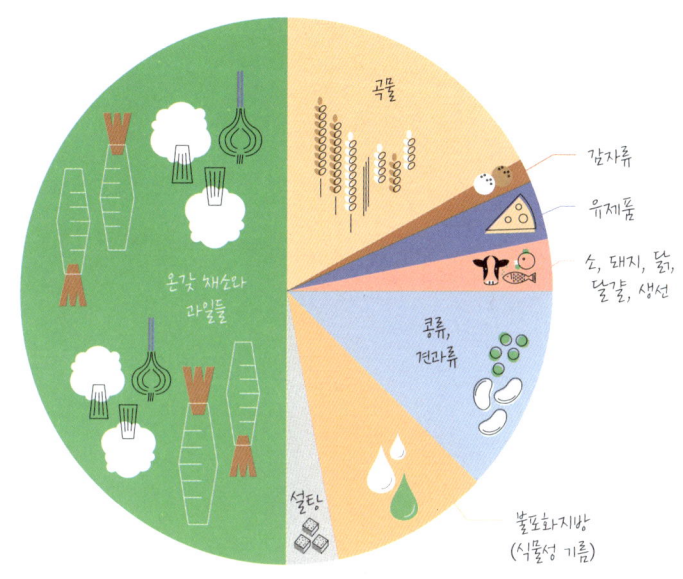

위 비율로 식사하려면 하루 2500칼로리 섭취 기준으로 이런 식재료들이 필요하다. 쌀, 밀, 옥수수 등 곡물 232g, 감자류 50g, 채소 300g, 과일 200g, 유제품 250g, 소고기, 양고기, 돼지고기 14g, 닭고기 29g, 달걀 13g, 생선 28g, 콩류 75g, 견과류 50g, 불포화지방 40g, 포화지방 11.8g, 설탕 31g.

더 자세한 내용이 궁금하다면, https://eatforum.org/eat-lancet-commission에서 요약 버전의 리포트를 무료로 다운로드받을 수 있다.

나에게 오기까지의
경로를 그려본다

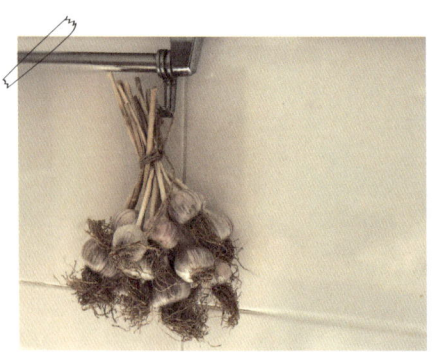

자급자족을 위한 소규모 농사 실험, 무구 꾸러미에서 직접 수확하고 기른 채소를 받았다. 시행착오라 추천 레시피라 그날의 밭 사정까지 담긴 편지를 읽으며 고추 하나하나, 깻잎 한 장 한 장 헤아려가며 먹었던 소중한 경험.

1차 산업에 종사하지 않는 이상 우리는 누군가가 키운 식재료를 소비한다. 생산지에서 오늘 저녁 식탁에 오르기까지 우리의 소비는 특정 산업 활성화에 영향을 미쳐왔다. 그 결과 문 앞으로 신선한 식품을 배달받을 수 있게 됐고 해외에서 만들어진 것도 며칠 만에 손에 넣을 수 있지만, 멀리서 오느라 발생한 탄소와 눈앞에 쌓인 포장재를 보면 뭔가 잘못한 거 같아 난감해진다.

환경에 관심이 있기 전엔 물건은 필요한 용도에 따라 쓰고 버리면 되었고, 음식은 균형 잡힌 영양소를 챙겨 먹으면 그만이었다. 그러다 마음에 걸리는 것들이 생기며 마인드셋 자체를 '탄소 발자국 헤아려 보기'로 바꾸고, 쇼핑을 할 때나 음식이 눈앞에 있을 때 나에게 오기까지의 경로를 생각해본다.

어떤 물건의 재료, 만들어진 과정, 지구 반대편에서 날아오는 길. 구입한 가격은 합리적인가, 이것을 선택한 게 최선인지도. 그렇게 그리다 보면 더 낫다고 여겨지는 쪽으로 선택이 바뀌는 경우도 종종 있다. 음식을 먹을 때는 조금 더 엄격하다. 직접적으로 내 몸에 영향을 끼치고, 세상과 연결되는 가장 직관적인 방법이기 때문이랄까.

내가 사는 곳과 최대한 가까운 곳에서 생산된 것을 소비하는, 이른바 에코쇼핑(Eco-shopping)을 염두에 두고 내가 머무는 지역이나 나라의 것을 소비하면 온실가스 배출과 불필요한 지출을 막을 수 있다. 농산물의 경우 더 신선한 맛과 풍부한 영양소는 물론이다.

○ 지역농협 · 생협에서 장 보기

원거리 수송식품보다 신선한 지역상품과 유기농 상품을 선호하는 것은 탄소 발자국을 줄일 수 있는 가장 좋은 방법이다. 한살림,

농협, 생협 등은 간단한 절차로 조합원 가입 후 신선한 지역 상품과 유기농 상품을 살 수 있다.

○ 재래시장 이용하기

상대적으로 플라스틱과 비닐 포장이 덜 되어 있는 경우가 많아 장바구니와 파우치를 잔뜩 챙겨가면 마음 편한 장 보기가 가능하다.

○ 농부와 직거래하기

쌀이나 자주 먹는 과일은 지역 농부에게 직접 구입한다. 인터넷 서치를 통해서 어떤 마음으로 어떤 방식을 통해 농작물을 기르는지 과정을 지켜보다가 그 먹거리가 필요할 때 농장으로 직접 주문하기도 한다.

○ 제철음식 소비하기

같은 식재료라도 제철일 때는 영양분도 풍부하고 신선할뿐더러, 가격도 저렴하다.

오늘의
파머스마켓

　버스를 세 번 갈아타고 혜화동 마르쉐에 도착했다. 시장에서만 느낄 수 있는 특유의 바이브를 좋아하는데 바쁜 일상을 보내다 보니 온라인 장보기를 계속 이용하던 참이었다. 시장은커녕 마트에 가는 일조차 손에 꼽히게 줄었다.

　2012년부터 시작한 농부, 요리사, 수공예가들의 마켓 마르쉐. 생산자가 곧 판매자인 그곳에서는 눈앞에 있는 식재료가 어떻게 길러졌는지, 대량 생산을 목표로 재배한 것과는 어떻게 다른지, 어떤 방법으로 요리를 하면 맛이 좋은지 같은 소소한 팁까지 보고 들을 수 있었다. 그간 스마트폰 앱 너머로 보았던 채소는 채소일 뿐이었는데, 같은 호박도 마르쉐에서 만난 호박은 따뜻함이 느껴졌다. 단순히 돈과 물건을 교환한다기보다 사람과 이야기가 있는 정겨운 분위기. 북적거리는 가을 장터에서 활기찬 에너지에 심취해 한참 돌아다니다 보니 사정상 취소했던 해외여행도 아쉽지 않을 정도였다. 돌아오는 길에는 제발 이런 장터 문화가 뜨거운 호응을 얻어 곳곳에서 열리고, 내가 사는 곳에서도 걸어 다닐 수 있는 곳에 있으면 좋겠다는 바람만이 맴돌았다.

자색 아스파라거스, 와이드루꼴라,
산양겅퀴, 풀냉이꽃, 들깨빵,
순두부까지... 귀한 것을 한아름 사서
집으로 돌아왔다.

오늘의
맑은 물

정수기 없이 사는 사람에게 노 플라스틱 생활 의외의 복병은 생수다. 혼자 자취한 시간이 길었던 만큼 페트병에 담긴 물을 사서 마시는 것은 당연한 일이라서 물을 매일 끓여 먹지 않는 이상 어쩔 수 없다고 생각해왔다.

그러던 어느 날 SBS스페셜 〈식탁 위로 돌아온 미세플라스틱〉을 봤고, 그때까지 '내가 지구를 위해서 뭔가 하고 있다'고 생각했던 것이 '하지 않으면 나와 세상에 치명적이다'라는 절박함과 사명감으로 바뀌는 계기가 되었다. 특히 인상 깊었던 부분은 생수가 든 페트병 안에서 일어나는 플라스틱의 변화였다. 해양 생태계를 파괴하고 많은 동식물을 변형과 죽음으로 몰고 간 무서운 미세플라스틱이 시판 생수의 90% 이상에서 검출됐고, 특히 여름에는 생수가 보관, 운반되는 과정에서 열을 받아 작은 플라스틱으로 분해되는 속도가 더 빠르고 환경호르몬도 폭발적으로 증가한다는 것이었다.

물을 많이 마시는 편이라 그 소중함을 알기에 당장 정수기를 알아봤다. 그러다 '브리타 정수기'를 발견했고 사용 후기는 대만족. 독일 제품이지만 한국형 필터가 있어서 한국 수돗물 특유의 염소 냄새도 잘 걸러준다. 필터는 정수기에 내장된 알림에 표시되는 대로 4~5주에 한 번씩 교체한다. 페트병 생수를 마실 때에 비하면 플라스틱 사용량이 엄청나게 줄어들었지만 한 달에 한 개씩 나오는 필터도 마음에 걸렸는데, 애초에 재활용 플라스틱으로 만들어졌다고 해서 조금은 마음이 놓였다. 한국에는 아직 필터 수거 프로그램이 없어서 안에 들어 있는 친환경 활성탄 분리 없이 통째로 플라스틱으로 분리 배출하면 된다.

Chapter 3

수많은 지향이
만드는 흐름

소비는 곧 투표다

　오래 신은 운동화 안감이 해진 것을 발견하고 스포츠 브랜드를 뒤지기 시작했다. 평소 자주 사던 것을 사자니 캔버스천으로 된 것은 유기농 면이 아닐 것 같고 가죽도 좀 그렇고…. 친환경 신발을 검색하던 중 베자(Veja)라는 브랜드를 발견했다. 면 스니커즈 겉감과 모든 신발의 안감은 제초제를 쓰지 않는 땅에서 재배한 유기농 면을 쓰고, 신발 밑창은 아마존 야생림에서 채취한 고무로 만든다. 아마존 야생림 일대 거주민에게 야생고무를 사들이면, 거주민들의 농사를 짓기 위해 숲을 태우지 않고 밥벌이가 해결되는 만큼 야생림 보존에 힘쓴단다. 그 밖에도 재생 플라스틱을 이용하거나, 화학물질 대신 식물성 오일로 태닝한 가죽을 사용한다. 그래서 보통의 운동화보다 원가가 다섯 배는 더 높지만 광고를 하지 않고 판매가를 적정선에 맞춘다. 아직 국내에 단독 매장은 없지만 편집숍에 들어와 있어서 마음에 쏙 드는 이 친환경 운동화를 품에 안을 수 있었다. 매일 신고 나갈 때마다 걸음걸음이 산뜻한 기분이 든다.
　반대의 경우도 있다. 진짜 좋아하는 과자가 종이상자 속에 비닐로 개별 포장된 채로만 판매되는 괴로움. 다른 포장은 없나 편의점에 갈 때마다 찾아봤지만 없었다. 이런 생각을 나만 해본 것은 아닐 것이다. '장바구니를 챙기면 뭐 해. 사는 것마다 플라스틱 안에 들어있는데.'

전 세계에서 버려진 플라스틱의 9%만이 재활용되고, 종이 사용 남발은 삼림 파괴를 초래했고, 바이오플라스틱은 퇴비로 사용할 수 있다지만 특정 조건에서만 완전 분해되기 때문에 환경에 해롭지 않다고 보긴 어렵다. 결국 사용량을 줄여야 하는데 그 변화는 기업이 만들어야 한다. 요즘 개개인은 환경 문제를 인지하고 소소하게 실천을 시작한 사람이 많다. 그런데 직장에 가면 얘기가 달라진다. 효율성을 위해 일회용을 쓰고 예산 절감을 위해 싼 재료를 쓴다. 기업이 바뀌지 않으면 아무 소용이 없다. 그리고 기업들의 변화에 힘을 실어주는 것은 우리의 선택이다. 나중에는 '친환경 브랜드'를 추천할 일이 없을 정도로 세상 모든 브랜드가 친환경적이기를 바란다.

<u>우리에게는 사회를 병들게 하거나 낫게 할 선택권이 있다</u>*

얼마 전 온라인 커뮤니티에서 '매일우유를 마시고 모은 빨대를 전부 매일유업에 보낸 뒤 받은 답장'이라는 게시물이 화제였다. 사진 속 담당자의 손편지에는 당장 바꾸지 못했지만 친환경 패키지를 계속 고민하고 바꿔나가겠다는 응답이 담겨 있었고 댓글에서는 모두들 보낸 사람도 답변한 사람도 멋지다, 이렇게 바뀌어 나가면 좋겠다는 반응이었다. 그리고 얼마 지나지 않아 빨대 없는 버전이 출시됐다는 업데이트가 있었다.

---

*비 존슨의 《나는 쓰레기 없이 산다》 속에서 인용했다.

글을 읽고 최근 내가 경험한 일이 떠올랐다. 계기는 천연 펄프로 만들어지는 휴지 때문에 매년 150억 그루의 나무가 잘려 나가고 있다는 기사를 본 것이었다. 게다가 합성향료, 형광증백제, 포름알데히드도 검출된 제품들이 있었다. 버려진 우유팩을 업사이클링한 우유팩 재생 화장지, 지구상에서 가장 빠르게 자라는 대나무 화장지 등을 살펴보다가 물에 잘 녹는 화장실 전용 제품이 있는 밀짚 화장지를 선택했다. 생분해도 빠르고 먼지 날림이 적고 무엇보다 버려진 밀짚을 이렇게 이용할 수 있다는 생각에 기꺼이 구매했는데 막상 받아보고는 기대를 조금 깨는 일이 있었다. 친환경 화장지가 하나씩 비닐로 개별 포장되어 있었던 거다. 그냥 불매하기에는 안타까워 브랜드 측에 의견을 남겼다. 밀짚 화장지를 사는 사람들이라서 그런지 나 말고도 비슷한 댓글들이 눈에 띄었고, 바꿔나가겠다는 답변을 받은 얼마 뒤 브랜드는 개별 비닐 포장을 없앴다는 새로운 소식을 전해왔다. 적극적인 목소리의 필요성을 절감하는 순간이었다.

이런 경험을 자주 하는 건 아니지만 무언가 구입할 때마다 '포장 빼고'를 요청하곤 한다. "안 주셔도 된다"는 말은 처음에는 왠지 쑥스럽지만 익숙해지면 불필요한 쓰레기까지 가져올 필요 없어져 세상 편한 주문이다.

자주 그런 요청을 하다 보니 자연스럽게 포장 한 겹이 없어져 있는 가게도 있었고, 꾸준히 쓰는 비누를 패키지 없이 벌크로 구입할 수 있는지 제조사에 문의했다가 모양만 조금 흠이 난 B급 제품을 저렴하게 득템한 적도 있다. 사장님의 쪽지는 아직도 간직하고 있다. "못난이 비누에 생명을 주셔서 너무나 고맙습니다."

친환경 삼림 인증받은
나무와 재활용 소재로
만들어진 의자.

Before

After

(어떤 날의 장보기)

포장을 최소화해주는
온라인 쇼핑몰에서 장을 봤는데도 피치 못할
포장재들이 집에 잔뜩 쌓이고 말았다.

여행지에서 만난 포장재 없이 장 볼 수 있는 마켓과 가게들. 최근 한국에서도 그린피스의 플라스틱없을지도, 여성환경연대의 플라스틱없다방 등 환경 관련 단체나 채널에서 플라스틱 없이 장 보거나 먹고 마실 수 있는 공간을 수집하고 있다.

✻ 또한 대형마트에 플라스틱 없이 살 수 있는 변화를 요구하는 움직임도 늘었다. 어디에서나 마음 편히 쇼핑할 수 있는 날이 하루 빨리 오기를….

제로 웨이스트를 향해 가는
7가지 방법

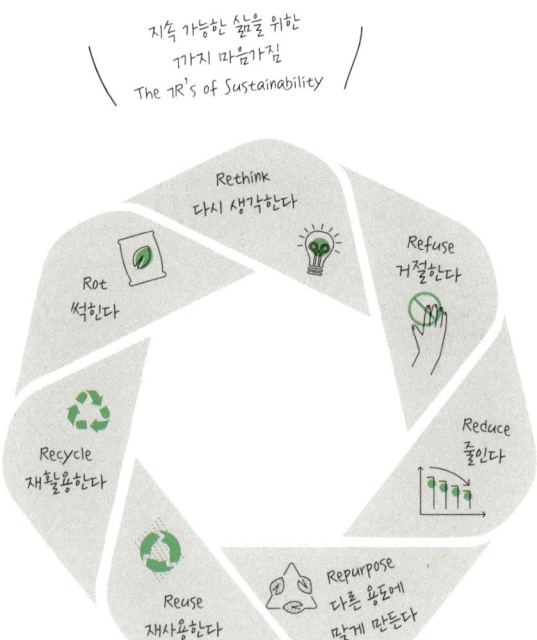

쓰레기 없이 사는 책을 읽고, 자극받고, 다짐했지만 현실에서 제로 웨이스트는 신기루 같은 것이었다. 이상적인 목표만 가지고 박탈감 느끼며 살 수는 없을 때, 제로 웨이스트에 다가갈 수 있는 일곱 가지 방법을 마음속에 쟁여두자.

○ **다시 생각한다(Rethink)**

사겠다고 마음먹은 것을 결제하기 전에 집에 대체할 수 있는 것이 있는지, 사서 얻는 효과와 나중에 쓰레기가 되었을 때를 비교해도 사는 게 맞는지 한 번 더 생각해본다. 집에 멋진 조리도구를 진열해놓고 싶은 마음이 컸지만 이사 와서도 이전에 쓰던 몇 가지로만 요리하다가 마트에서 조리도구 세트 50% 할인을 발견했다. '대박이네!' 외치며 계산을 하려다 다시 생각했다. 여태 집에 있는 서너 가지 도구로 불편함 없이 살아왔는데 이렇게 많은 종류는 왜 필요하지? 이걸 사면 쓰던 건 버리나? 생각이 꼬리를 물다 이내 조리도구 세트는 다시 선반에 가져다 두었다.

○ **거절한다(Refuse)**

의지와는 상관없이 내게 필요 없는 물건이나 쓰레기가 생기는 경우도 많다. 우선은 이런 것들을 실천하고 있다.

- 집으로 오는 지류 우편물을 모두 전자고지서로 변경했다.
- 필요 이상의 사은품은 받지 않는다.
- 종이영수증을 거절하거나 모바일영수증으로 발급받는다.
- 쇼핑할 때 파우치, 다회용기, 장바구니를 상비해 비닐과 포장을 거절한다.

- 음식 주문 시, 먹지 않는 음식을 거절한다.
- 집들이처럼 두 손 무거운 발걸음이 예상될 때, 필요 없는 선물을 미리 사양한다.

○ 줄인다(Reduce)

온라인 쇼핑을 줄였다. 택배 발송에는 언제나 포장재가 사용되기 때문이다. 집이 외곽지역이라 하지 않고 살기란 어렵지만 최대한 포장을 빼고 보내 달라고 별도 요청한다.

습관적인 절수와 절전은 필수. 식재료도 싸다고 많이 사지 않고 유통기한 내에 맛있게 먹을 수 있는 만큼만 소량 구입한다.

SNS도 줄였다. 위의 온라인 쇼핑과도 이어지는데, 소셜미디어의 세계를 허우적거리다 보면 위시리스트가 잔뜩 길어진다. 일 때문에 안 할 수는 없어 들어갔다가 예쁜 요가복과 살림도구를 보면 나도 모르게 여기저기 가격 비교를 하며 리뷰까지 찾아보고 있다. 이를 위한 처방으로 알림은 꺼두고, 정해진 시간에만 SNS를 하곤 한다.

○ 다른 용도로 만든다(Repurpose)

잘 안 써서 버릴까 하다가 서랍에 넣어둔 물건의 새로운 용도를 발견하면 그렇게 뿌듯할 수가 없다. 휴대용 비누 케이스를 사려다 빈 용기와 천연 수세미로 대체했고, 세탁할 때 넣으려고 샀던 베이킹소다는 온 집을 깨끗하게 청소할 수 있으며, 벤치 스타일 의자는 소파 테이블로 새 자리를 찾았다.

커튼처럼 걸어두었던 사롱은 여행에 챙겨가면 기내에서는 담요, 해안가에서는 비치타월, 그러다 문득 요가매트로도 쓰인다.

휙 두르기도, 깔고 눕기도 좋은
멧앤멜 사롱.

○ 재사용한다(Reuse)

장바구니, 방수 파우치, 밀랍랩 등 일회용품이나 플라스틱을 대체할 것은 많이 있었지만, 비닐처럼 가볍고 휴대가 편리하고 방수가 잘되는 대체품을 찾기는 어려웠다. 그래서 내 돈 주고 사진 않는다는 다짐을 지키려 내게 들어온 비닐은 소중히 다룬다. 주로 뭔가 주문했을 때 딸려온 비닐이나 지퍼백은 잘 정리해두고, 오염된 건 잘 닦아서 말린다. 언제 샀는지 모를 문구류 틈에서 쓸 만한 노트와 펜을 발굴하고, 보풀 피어 안 입던 니트류는 마음먹고 면도칼로 싹 제거해 말끔하게 입는다.

○ 재활용한다(Recycle)

애초에 재활용 불가능한 유색 용기에 든 것을 피하고 재활용 잘되는 소재에 든 것을 선택하는 일부터 시작이다. 라벨 제거와 내용물 세척은 모든 소재에 해당한다. 최근 많은 기업이 라벨 대신 음각을 새겨넣고 투명 용기로 바꾸는 등 움직임이 일어나고 있어 반갑다.

○ 썩힌다(Rot)

음식물 쓰레기가 배출하는 온실가스는 전체의 30% 이상이라고 한다. 화초나 텃밭 가꾸는 사람들이 집에서 나온 음식물 쓰레기로 퇴비를 만들어 쓰는 것을 보고 도전해봤는데 퇴비를 쓸 곳도 없는 나 같은 도시인들이 실천하기는 쉽지 않았다. 그래서 지금은 먹을 만큼 사고 만들어 음식물 쓰레기를 최대한 줄이고 있다.

7R을 늘 염두에 두고 살면 필요 이상의 것을 구입하거나, 충동구매하는 일이 줄어든다. 덕분에 후회하는 지출이 사라지고 쇼핑에

쏟아붓는 시간과 에너지를 아끼게 됐다. 오히려 나한테 정말 필요한 게 뭔지 생각하고 챙기게 되어 삶의 만족도가 쑥 올라갔다. 무언가 소비해서 속을 채우려던 순간들은 잊은 지 오래다.

오늘의 뿌듯함

다 쓴 화장품 병과 요거트 먹고 남은 유리병에 다육이를 심었다.

낡아서 안 입는 티셔츠를 청소할 때 쓰려고 적당한 크기로 잘라놓았다.

원두를 보관할 때 지퍼백 대신 다 마시고 남은 틴케이스를 활용한다.

어떤 날의 비치코밍

제주를 여행하다가 작은 시장에 들른 적이 있다. 한 부스의 나무 소품들이 예뻐서 들여다보다가 어떤 나무로 만들었는지 물었다. 그러자 '태풍 콩레이 때 쇠소깍에 떠내려온 나무로 만들었고, 아마도 느티나무일 것'이라는 예상치 못한 답이 돌아왔다. 더 대화하지는 못하고 다음 일정을 소화하러 갔는데 계속 마음에 남아 다음 날 아침 눈을 뜨자마자 어제 받은 명함의 연락처로 연락한 뒤 목수의 집을 찾아갔다. 여러 개를 주문하기 위해서였다.

'비치코밍(beach combing)'은 바다 표류물이나 쓰레기를 주워 모은 재료로 새로운 작품을 만드는 것으로 해양 쓰레기 문제를 해결하는 데 일조할 수 있다. 어디에서 왔는지 모를 나무가 내 손에 있다는 게, 인연이 닿은 게 아닌가 싶어 더 소중하게 느껴졌다. 그때 이름까지 각인해 구매한 볼펜과 북홀더는 지금도 나와 가까운 곳에 두고 쓴다.

태풍에 떠내려온 나무로 만들어진 북홀더.

우리가 모여 단단해지는 곳,
나투라 프로젝트

'자연과 함께 호흡하는 건강한 문화를 만듭니다'라는 모토로 3년째 웰니스 커뮤니티 나투라 프로젝트(Natura Project)를 운영하고 있다. 나투라는 자연(nature)의 라틴어로, 'Save Earth & Mindful Life'라는 슬로건도 내걸었다. 그 무렵 여기저기 요가여행을 다니던 나는 자연 속에서 하는 요가에 심취해 있었고, 어릴 때부터 자주 가던 구청 잔디밭에 사람들을 모아 요가를 해보고 싶었다. 구성원의 대외활동을 원하지 않던 당시 직장을 퇴사하면서까지 감행한, 나름 야심 찬 프로젝트였다.

야외 모임을 진행하는 건 날씨를 관찰하게 되는 일이었다. 계절에 따라 몇 시쯤 기온이 가장 쾌적한지, 해는 어디쯤 떠있는지, 또 어떤 나무 아래가 가장 낭만적이고 고요한지, 언제쯤 가장 아름다운 일몰을 볼 수 있는지. 나는 모임이 없는 날도 자주 같은 시간에 잔디밭에 나가 한참을 앉아 있다 오곤 했다.

바람을 맞으며 요가하는 즐거움.

　신기하고 반갑게도 나투라 프로젝트에는 나와 비슷한 가치관을 지향하는 사람들이 모였다. 서로 건강한 정보를 나누고, 좋은 에너지와 영감을 잔뜩 얻을 수 있었다. 사람들이 자연 안에서 행복해하고 치유받는 모습은 며칠이 지나도 가슴 한쪽이 뻐근할 만큼 감동적인 여운으로 남곤 했다. 그게 그렇게 좋아서 한 달에 한두 번 정도 진행하려고 했던 나투라 프로젝트를 거의 매주 2번 이상 열며 2년 동안 100회에 가까운 모임을 강행했다. 덕분에 봄에서 가을까지 자연이 주는 것들을 다양한 방법으로 경험할 수 있었다.

　야외요가로 시작한 커뮤니티는 점차 다양한 방향으로 확장되었다. 야외명상, 친환경 마켓, 아로마 테라피 클래스, 비건 베이킹, 그리고 참여자들의 제안으로 진행된 클린산행까지. 버려진 쓰레기를 주우며 산을 오르던 그 시간은 거리의 쓰레기를 주우며 뛰는 플로깅으로 이어질 예정이다. 계획하지도 않은 재밌는 일들이 생기는 과정은 놀라웠다. 그저 내가 경험한 자연이 좋아서 많은 이들과 누리고자 시작한 일이, 누군가에게 정말로 자연을 좋아하고 편하게 느끼는 시작이 되고 있었다. 초록빛에 둘러싸인 사람들은 서로에게, 벌레에게, 뜨거운 태양과 예고 없이 내리는 비에게도 마냥 관대하다. 그 관대한 마음들이 다시 나를 성장하게 만들었다.

나투라 프로젝트를 운영하며 자라난 마음 덕분에 돈이 아무리 많아도 못할 것 같았던 기부도 하게 됐다. 프로젝트를 통해 얻은 작은 수익을 첫해에는 소외된 이웃에게, 두 번째 해에는 유기동물 보호소에 보냈다. 그런 내가 낯설었지만 그다음에는 여럿과 힘을 합쳐 더 확장된 기부 프로젝트를 진행할 수 있었다. 자연에서 얻는 혜택을 온전히 누리고, 기억하며 실천한다. 또 건강한 관계에서 활력과 생기, 나아가 영감을 얻는다. 그러한 영향은 소외된 계층과 동물로 연결된다. 참 따뜻한 순환이 아닐 수 없다.

나 먹고살기에도 빠듯하지만 한없이 베푸는 자연이 내게 얼마나 큰 안정감을 주는지, 그래서 얼마나 고마운지 체감하면 지구를 함부로 할 수 없다. 아름답게 보존해 이 땅의 모든 생명체와 무탈하고 평온하게 공존하고 싶어진다. 나를 포함한 모든 것이 치유되는 과정이다. 비로소 연결된 것이다.

나투라 프로젝트에서는
일회용품을
사용하지 않는다.

참가자가 직접
길렀다며 가져온
수박을 나눠 먹었다.

우리들의 평화로운 시간.

여행지에서도 에코 프렌들리!

페트병에 담긴 생수 대신 텀블러가
비치되어 있고, 호텔 복도 곳곳에
정수기가 있었다.
@Avatar Railay Hotel, 태국 끄라비

○ 친환경 호텔에 머문다

　환경 보호에 힘쓰는 '에코 숙소'가 늘고 있다. 여행 가기 전, 친환경을 실천하는 곳을 찾아 예약한다. 비닐 포장된 일회용 어메니티 대신 다회용기에 담긴 욕실용품, 페트병에 든 생수 대신 텀블러와 공공 정수기가 비치된 곳. 태국의 한 호텔에서는 비닐 사용을 자제하라며 가방을 빌려주기도 했고, 발리 우붓의 한 호텔은 심지어 냉장고도 없었다. 호텔이라는 공간은 왠지 서비스를 위해 자원을 펑펑 쓸 것처럼 느껴지지만 조금만 신경 써서 찾아보면 환경을 생각하는 호텔은 꽤 많다.

○ 호텔 어메니티, 쓰지도 챙겨오지도 않는다

　개인용 칫솔, 치약, 비누, 빗 등을 챙겨 가서 호텔 어메니티로 세팅되어 있는 일회용품의 사용을 줄일 수 있었다.

○ 짐을 가볍게 싸고 가능하면 경유보다 직항을 선택한다

당연히 가벼울수록 연료를 덜 쓰고 배기가스를 덜 배출한다. 직항은 경유보다 이동 거리가 짧아 불필요한 연료 소비를 줄일 수 있다.

○ 자주 쓰게 되는 일회용품을 대비해 개인용품을 챙긴다
(손수건, 젓가락, 스테인리스빨대, 텀블러, 다회용기 등)

더운 나라를 여행할 때는 시원한 물을 자주 사서 마시므로 보냉 텀블러를 챙긴다. 호스텔에 묵을 때는 개인 냉장고가 없기에 더욱 텀블러가 절실하다. 야시장이나 노점 음식을 많이 먹게 되는 여행지에서는 젓가락과 가벼운 다회용기를 챙기면 쓰레기를 대폭 줄일 수 있다. 냅킨을 대신하는 손수건도 유용하다.

○ 채식 식당을 애용한다

여행지에서 그 나라의 비건 문화를 경험하는 건 정말 흥미롭다. 구글맵에서 가고 싶은 식당 메뉴판을 확인하기도 하고, 채식 식당을 찾을 수 있는 '해피카우(www.happycow.net)'도 이용한다.

○ 비행기 탑승 횟수를 줄이기로 했다

스웨덴의 플뤼그스캄(flygskam)은 '비행기 여행의 수치심'이라는 뜻이다. 반대로 탁쉬크리트(tagskryt)는 '기차 여행의 자부심'이라는 뜻이다. 이런 단어들이 생긴 건 같은 거리를 이동할 때 비행기가 기차보다 20배나 많은 이산화탄소를 내뿜기 때문이다. 비행기 한 대가 배출하는 탄소의 양은 아프리카 전체 사람들이 1년 동안 활동하며 배출시키는 양과 비슷하다고 한다. 독일의 플루크샴(flugscham)등 비행기 탑승은 부끄러운 것이라는 인식이 유럽 전역

으로 확산되고, 환경운동으로 번져 환경세 등 실질적 방안이 나오고 있다.

　여행을 좋아하고 자주 다니는 나는 이 사실을 알고 매우 낙담했다. 틈만 나면 시간과 돈을 탈탈 털어 떠나곤 했기에 모른 척하고 싶기도 했다. 게다가 유럽은 기차로 그 많은 나라를 다닐 수 있지만 우리나라는 그렇지 않다는 현실에 박탈감까지 느껴졌다. 하지만 결국 고민 끝에 예약해둔 포르투갈행 비행기 티켓을 취소했다. 아마 앞으로는 예전보다 적은 횟수로, 대신 농도 깊고 진한 여행을 누리게 될 것 같다.

여행지에서 일회용품 사용을 줄여준 스테인리스빨대와 작은 손수건.

> 오늘의
> 동네여행

　서울 연희동의 카페 '보틀팩토리'에는 일회용품이 없다. 요즘 시대에 그런 공간 운영이 가능한가? 싶었지만 이곳을 보면 가능한 것 같았다. 음료를 테이크아웃하고 싶으면 텀블러를 빌렸다 반납하고, 비정기적으로 열리는 채우장에서는 포장 없이 식재료와 생활용품을 살 수 있다. 운영자 분들이 보여주는 활동이 멋져서 팔로우하고 있다가, 홍제천과 연희동 일대 가게들과 진행하는 일회용품 없는 페스티벌 '유어 보틀 위크' 소식을 들었다. 카페와 베이커리, 분식집과 떡집까지 다양한 가게가 함께하고, 환경에 관한 다큐멘터리 상영과 워크숍도 열리는 이 기간에 참여하려고 연희동 여행을 떠났다. 예상치 못한 비가 내렸지만, 친구와 함께 먹을 김밥과 비빔국수를 다회용기에 포장해 보틀팩토리 뒷마당에서 먹으며 다정한 이야기를 나눴다. 텀블러는 사용해봤어도 이렇게 음식까지 용기에 담아온 경험이 처음인 친구는 어리둥절하고 설레는 표정이었다. 선한 영향력이 뿜어져 나오는 공간을 방문하고 더 잘해보고 싶은 일에 대해 대화를 주고받는 시간은 언제나 마음 한편이 든든해진다. 집으로 돌아오는 길에는 유어 보틀 위크에 참여한 비건 베이커리에서 브라우니를 포장해온 알찬 하루.

김밥과 비빔국수와
커피와 스콘과
따뜻한 대화.
@보틀팩토리 뒷마당

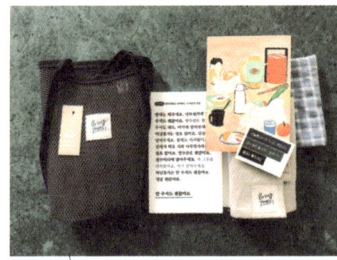

유어보틀위크를 미리 후원하고 받은 친환경 실천을
위한 준비물들. 그리고 에코 라이프 일상을 모은
작은 책까지. 책 제목인 "안 주셔도 괜찮아요"를
앞으로 더 자주 말하려고 한다.

많은 것이 회복됐다

친환경 라이프를 지향하면서 많은 게 바뀌었다. 정신적, 신체적인 부분들, 일과 사람 관계까지, 아주 나빴던 것도 아닌데 신기하게 전반적으로 치유됐다고 느꼈다.

지출도 많이 줄었는데 그중 눈에 띄는 건 식비였다. 매 끼니 배부르게 먹는 것이 내 몸을 위한 일이라고 생각했었다면 지금은 몸이 필요로 하는 만큼, 신선한 음식을 균형 있게 먹는 것이야말로 나를 위하는 거라고 생각한다. 식비가 줄어든 건 당연하고, 뱃살과 등에 차곡차곡 붙었던 살도 함께 사라져 예전에 꽉 끼던 옷이 적당히 맞아졌다. 생각지 못했던 효과는 '밥을 먹기 위해 쓰는 시간'도 줄어들어 그만큼 하고 싶은 일에 쓸 수 있는 여유가 생겼다는 점이다. 저녁을 든든하게 먹고 자던 습관 대신 일찍 가벼운 식사를 하고 소화가 다 된 뒤 잠자리에 드니 아침에 일어날 때 피로감도 확실히 경감됐고 덕분에 생기 가득한 하루를 보낸다.

의류나 미용을 위한 지출도 줄었다고 쓰다 보니 웃긴(또는 한심한…) 에피소드가 생각난다. 피부가 하얀 편인 나는 구릿빛 피부를 동경했다. 그래서 오랫동안 봄, 여름, 가을에는 해를 쫓아다니느라 바빴고 꾸준히 기계 태닝을 했다. 그러다 태닝을 하지 않는 겨울이 오면 자외선 때문에 생긴 잡티를 없앤다고 레이저 시술을 받았다. 모순적인 행동에 피부과 선생님은 의아해했고 나도 웃겼지만 그때는 그게 관리라고 생각했다.

아름다운 자연에 경외심을 갖기 시작하면서는 태양 아래 피어난 주근깨와 톤이 균일하지 않더라도 자연스레 그은 피부를 좋아하게 됐다. 태닝한 피부에 어울린다며 브라운 계열로 염색하던 머리카락도 지금은 손대지 않고 둔다.

자전거를 애용하며 교통비를 절약한 것도 좋지만 제일 큰 수확은 웬만한 거리는 걷는 일을 좋아하게 된 것이다. 가깝지만 교통편이 애매하면 예정된 시간보다 일찍 나와 걷고, 걸을 일이 없으면 두세 정거장 먼저 내려서 걷기도 한다. 느리게 걷는 일은 세상을 천천히 둘러보는 여유를 준다. 작은 골목길 사이사이, 사람들이 살아가는 모습, 관심이 가는 상점들, 천변에 물 흐르는 소리과 새 울음소리, 물에 반사된 나무 그림자, 구름이 흘러가는 모양, 시시각각 변하는 하늘색, 생명력 가득한 녹음… 주의를 기울이며 걸음을 옮기는 시간은 명상 그 자체로, 몸과 마음이 리프레시되고 영감이 샘솟는다.

강박에서 천천히 걸어 내려오기

내 일상이 놀라운 이벤트의 연속이면 좋겠다고 생각하던 날들이 있었다. 비싼 물건 소유는 일찌감치 놓아버렸더라도, 주목받는 일을 하고 해외여행은 어디를 가고 자기계발을 계속해야 한다는 오랜 강박을 쉽게 떠나보내기는 어려웠다. 요가 강사를 시작하고도 일 욕심을 내려놓지 못해 잠을 줄여가며 일을 늘리고, 이전에 배운 것을 소화하기도 전에 또 다른 배움을 찾으러 다녔다. 유명하고 큰 센터의 많은 사람 앞에서 수업하는 꿈을 꿨고, 그게 이뤄졌을 무렵에야 그 꿈 때문에 내가 또 불행하다는 걸 알아챘다.

　자연과 친해지고, 자연스러운 삶을 지향하고, 천천히 있는 그대로의 나와 편해지면서 예전 같으면 지루하다고 벗어나려 했을 일상이 소중하다. 이제는 자신에게 너무 많은 걸 요구하지 않으려고 한다. 돈이 될 만한 일, 선뜻 내키지는 않지만 미래에 도움이 될 것 같아서 하는 것들, 알아두면 좋겠다 싶은 영향력 있는 사람들과의 소셜 모임 같은 건 더 이상 하지 않는다. 화려한 인증샷이나 많은 돈벌이가 없어도 충분하고 행복하다. 어떤 일을 할 때 이것이 내게 경제적, 사회적 이득을 얼마나 줄지 고민하지 않다 보니 진심으로 나의 일을 즐기게 됐다.

　이런 변화는 주변으로도 번졌다. 친구들은 자신이 사용해본 친환경 제품 후기를 들려주고, SNS에 올린 정보 밑에는 작은 시도를 댓글로 달아주는 분들이 있다. 고기 없는 밥상을 생각해본 적 없다던 남편이 일주일에 이틀 정도 채식을 해보고 싶다는 말로 사람을 놀라게 하는가 하면, 음식을 비닐로 겹겹이 싸서 주시던 엄마는 이제 꼬박꼬박 다회용기에 담아 주신다. 가족 외식 단골 메뉴는 나물 가득한 한정식으로 바뀌었다.

　환경 보호에 대한 정보를 얻고자 읽은 책이나 영상 속에서 느낀 공통점이 있다. 등장하는 사람들은 모두 신체적, 정서적 건강을 위해 무언가를 '실천'하는 데서 변화가 시작됐다는 거다. 누군가는 채식을, 누군가는 미니멀리즘을, 또 누군가는 화학물질을 멀리하는 방식을, 누군가는 요가를 삶으로 가져왔다. 그리고 그 변화를 나누는 과정이 이웃에 대한 사랑, 동물에 대한 사랑, 지구에 대한 사랑으로 퍼져 서로가 서로에게 좋은 영향을 미쳤다.

    나도 친환경 라이프를 지속하며 내가 경험한 변화에 대해 나누고 싶다는 생각을 한다. 아마 새로운 것을 더하는 것보다 이미 가지고 있는 걸 충분히 음미하는 것, 조금은 덜어내거나 비우는 걸로 시작할 수 있는 일들. 그것이 우리가 많은 생명체와 자연환경을 품는 데 도움이 되기를 바란다.

적정 온도에 머무는 삶

하얀 모래사장과 민트색 바다로 사랑받는 필리핀 보라카이가 6개월간 폐장된 적이 있다. 그간 수많은 관광객이 다녀가며 환경이 심각하게 오염된 탓에 필리핀 정부가 섬 전체를 통제한 것이나. 폐장 이후 필리핀 정부와 환경 단체와 지역 주민들은 보라카이 복구에 온 힘을 쏟았다. 불법 설치 구조물을 철거하고, 하수도와 폐기물 관리 시설을 설치했다. 또한 하루 최대 입장객을 제한하기로 했으며, 쓰레기 투척, 해변에서의 흡연과 음주, 플라스틱 소지 등에 대한 금지 규칙을 법으로 엄격히 만들었다.

폐장 이전에 보라카이를 다녀온 지인들은 더럽고 정신없다며 가지 말라고 했으나, 재개장 이후 찾은 그곳은 마냥 깨끗하고 아름다운 섬이었다. 그리고 모두가 이 깨끗하고 아름다움을 유지하기 위해 고군분투하고 있다는 게 느껴졌다. 식당이나 카페마다 일회용 플라스틱과 빨대의 사용을 지양했고, 곳곳에 철저한 분리배출을 위한 안내와 버릴 곳이 마련되어 있었다. 덕분에 에메랄드빛 바다에서 매일 수영하고 모래사장에서 낮잠을 청하며 평화로운 며칠을 보낼 수 있었다.

보라카이를 보면서 희망을 얻는다. 환경을 훼손하고 망친 건 우리였지만 다시 복구하고 존중하며 살 수 있는 것도 우리일 거라고.

책이 출간될 때쯤 나는 미뤘던 결혼식을 올린다. 주제는 에코 결혼식이자 치유 웨딩. 산에 둘러싸인 마당에서, 줄기가 잘린 절화 대신 화분에 심어진 나무로 장식하고, 예식이 끝난 후에는 손님들께 답례품으로 드린다. 그 외에도 장식물은 집에 가져가서 쓸 수 있는 것들로 골랐는데, 예를 들어 바람에 날리도록 장식하는 패브릭은 우리 집 커튼으로 변신할 예정이다. 우리의 결혼식을 위해 사용되는 일회용품은 하나도 없을 것이고, 화환은 정중히 사양한다.

오래 기다린 이 날 자연이 가장 멋진 배경이 되어줄 거라고 생각하니 가슴이 두근거린다. 화려한 장식이 없어도 모두가 행복한 시간이 되기를 바란다. 우리 땅에서 자라난 유기농 식재료로 만들어진 깨끗하고 정갈한 식사를 함께하며 마음 한구석 치유받는 느낌을 안고 돌아간다면 더 좋겠다. 그건 아마도 자연이 주는 힘일 테니.

나의 에코 라이프는 지금도 시행착오를 반복하고 있다. 옳다고 믿으며 지켜온 일들이 사실은 그렇지 않을 때도 있었고, 여건상 지속하기 어려운 일도 있었다. 단순히 고집스럽게 실천하는 때도, 알면서 모른 척 넘어간 적도 있다. 때로는 먼 곳에서 일어나는 일을 지켜보며 이래서 지구가 언제 바뀌나 회의감에 휩싸이기도 했다.

하지만 나는 안다. 요가 수련을 하면서 매일 마주한 한 동작, 한 호흡, 땀방울이 모여 몸이 변하고 내면도 따라 변하는 것을 끊임없이 경험한 사람은 티끌의 힘이 얼마나 큰지 안다. 당장 나는 여행을 취소했어도 포르투갈행 비행기는 떠났을 거고, 오늘 일회용컵을 쓰지 않고 채식을 했다고 해서 무너져가는 생태계가 회복되지는 않겠지만, 작은 움직임이 선행해야 큰 변화도 온다. 그리고 그 작은 움직임을 선택하는 시간은 결국 내게 가장 좋다.

매일 아침, 수련 마지막에 습관적으로 외는 만트라가 이제는 어느 때보다 마음 깊이 닿는다. 말이 가진 힘을 믿으며 앞으로도 정성껏 읊으려고 한다. '지구의 신성함을 아는 이들에게 은총이 있기를. 모든 세상이 평화롭기를(Lokah samastah sukhino bhavantu. Om shanti, shanti, shanti.).'

참고 자료

《우리는 어떻게 화학물질에 중독되는가》, 로랑 슈발리에, 이주영 옮김, 흐름출판, 2017
《나는 쓰레기 없이 살기로 했다》, 비 존슨, 박미영 옮김, 청림라이프, 2019
《뉴 그린 컨슈머 가이드》, 줄리아 헤일즈, 녹색소비자연대 옮김, 세창미디어, 2014
《파란하늘 빨간지구》, 조천호, 동아시아, 2019
《아무튼 비건》, 김한민, 위고, 2018
《플라스틱 바다》, 찰스 무어&커샌드라 필립스, 이지연 옮김, 미지북스, 2013
《플랜 드로다운》, 폴 호컨, 이현수 옮김, 글항아리사이언스, 2019
《맥두걸 박사의 자연식물식》, 존 맥두걸, 강신원 옮김, 사이몬북스, 2014
《어느 채식의사의 고백》, 존 맥두걸, 강신원 옮김, 사이몬북스, 2017
《요리를 멈추다》, 강하라&심채윤, 사이몬북스, 2019
《육식의 종말》, 제레미 리프킨, 신현승 옮김, 시공사, 2002
《요가 수업》, 키노 맥그리거, 이보미&김윤 옮김, 침묵의향기, 2019
《하타요가와 명상》, 스와미 시바난다 라다, 최정음 옮김, 정신세계사, 2004
《요가 디피카》, B.K.S.아헹가, 현천 옮김, 법보신문사, 1997

〈KBS스페셜, 북태평양, 쓰레기 지대를 가다〉, KBS, 2019.09.19

〈차이나는 클라스, 지구가 참는 것도 한계가 있다〉, JTBC, 2019.12.11

〈더 게임 체인저스(The Game Changers)〉, 넷플릭스, 2018

〈몸을 죽이는 자본의 밥상(What the Health)〉, 넷플릭스, 2017

〈SBS스페셜, 식탁 위로 돌아온 미세플라스틱〉, SBS, 2018.07.01

〈패션의 더러운 비밀(Fashion's Dirty Secrets)〉, BBC, 2018

〈호주 산불, 서울 100배 '잿더미'…핏빛 하늘, "멸종의 물결 시작됐다"〉, 한국경제, 2020.01.07

〈선크림이 산호를 하얗게 죽인다…하와이 '금지법' 계기로 본 선크림과 바다 오염〉, 경향신문, 2018.07.19

〈굴값이 쌀 수록 바다는 썩어간다?〉, 노컷뉴스, 2019.06.04

〈호주연구팀 "2050년 기후난민 10억명…핵전쟁급 위기"〉, 노컷뉴스, 2019.06.18

〈'플뤼그스캄' 비행기 타는 게 부끄러운 까닭〉, 비즈한국, 2019.07.22

〈[이광석의 디지털 이후](11)IT기업, 온실효과와 기술소외 촉진…반생명과 반인권의 '부메랑'〉, 경향비즈, 2019.10.31

〈욕구의 구매력(the buyerarchy of needs)〉, Laurie Rivetto, 2015.04.16

〈The 7R's of Sustainability〉, https://www.goldenplains.vic.gov.au/residents/my-home/recycling-and-rubbish/7-rs-recycling

〈지구를 살리는 장보기 필수품 '플라스틱없을지도'〉, 그린피스, https://www.greenpeace.org/korea/update/6638/blog-plastic-plastic-zero-map-to-save-the-planet/

〈The EAT-Lancet Commission on Food, Planet, Health〉, https://eatforum.org/eat-lancet-commission/

무해한 하루를 시작하는 너에게

1판 1쇄 찍음　2020년 5월 27일
1판 8쇄 펴냄　2023년 10월 15일

지은이　　신지혜
기획·편집　주소은
디자인　　렐리시Relish

펴낸이　　주소은
펴낸곳　　보틀프레스
출판등록　2018.11.26. 제2018-000312호
문의　　　hello.bottlepress@gmail.com

ⓒ신지혜, 2020
ISBN 979-11-966160-4-5　03300

이 책은 저작권법에 따라 보호받는 저작물이므로
무단 전재와 무단 복제를 금하며 책 내용의 전부 또는
일부를 이용하려면 반드시 저작권자와 보틀프레스의
서면 동의를 받아야 합니다.

책값은 뒤표지에 있습니다.
잘못된 책은 구입처에서 바꿔 드립니다.